ÉPREUVES

ET

ESPÉRANCES

PENSÉES

SUR

LES SOUFFRANCES ACTUELLES DE LA SOCIÉTÉ

PAR

LE P. ALMERICI, BARNABITE.

Sanabiles fecit nationes. (Sap. I, 14).
Dieu a fait les nations guérissables.

PARIS

F. WATTELIER ET Cie, LIBRAIRES-ÉDITEURS,

19, RUE DE SÈVRES, 19.

1875

ÉPREUVES

ET

ESPÉRANCES

PARIS.— IMP. JULES LE CLERE ET Ce. RUE CASSETTE, 29.

ÉPREUVES

ET

ESPÉRANCES

PENSÉES

SUR

LES SOUFFRANCES ACTUELLES DE LA SOCIÉTÉ

PAR

LE P. ALMERICI, BARNABITE.

Sanabiles fecit nationes. (Sap. I, 14).
Dieu a fait les nations guérissables.

PARIS

WATTELIER ET Cie, LIBRAIRES-ÉDITEURS,

19, RUE DE SÈVRES, 19.

1874

Cet écrit est l'exposé des pensées que la méditation de l'état actuel de la société a fait naître dans mon esprit. Je me permets de le présenter aux hommes de bonne foi, aux chrétiens sérieux et aussi à mes confrères dans le sacerdoce.

En le lisant, plusieurs diront de moi peut-être ce que les fils de Jacob disaient de leur frère Joseph : *Voici le rêveur*. Je ne me plaindrai pas de leur jugement, n'ayant pas la prétention de leur imposer mes idées. Je dois cependant déclarer qu'en traçant ces pages, mon intention n'a pas été de traiter à fond des questions très-délicates, en grande partie hors de ma compétence, moins encore de me faire croire un voyant ou un prophète : j'ai voulu tout simplement proposer une solution au problème qui tient le monde dans l'émoi et dans l'attente ; solution indiquée déjà par Pie IX, quand il a dit : *L'Église et la société n'ont plus d'espoir que dans le sacré Cœur de Jésus. C'est Lui qui guérira tous nos maux. Propagez partout cette solution, elle sera le salut du monde.*

Mon but est atteint si j'arrive à montrer que la société ne peut être sauvée que par le Cœur de Jésus-Christ.

G. ALMERICI, B[te],

Aumônier de S. M. la reine-mère
de Suède et de Norvége.

Stockholm, le 12 juin 1874.
Fête du Cœur de Jésus.

I.

COUP D'ŒIL SUR LES SIÈCLES.

Dieu, infiniment parfait de toute éternité, ne peut rien recevoir qui puisse augmenter sa gloire intrinsèque.

Il se connaît lui-même et il s'aime de la manière la plus parfaite; par cette connaissance et cet amour, il est en possession de la félicité essentielle à sa nature.

Dieu cependant a voulu être heureux d'un bonheur qui, sans rien ajouter à l'essence de sa félicité, devait former, si je puis ainsi m'exprimer, la couronne extérieure de sa gloire éternelle.

Pour cela il est sorti, en quelque sorte, de

son isolement, il s'est épanché en dehors de son éternité, et il a communiqué sa connaissance et son amour.

Être connu et être aimé, par conséquent être heureux du bonheur de ses créatures, voilà ce que Dieu a voulu par l'œuvre de la création; voilà ce qu'il s'est proposé en tirant l'homme du néant; voilà, en un mot, le but de son éternelle pensée manifestée dans le temps.

Avant de créer l'homme, objet principal de sa tendresse, l'Éternel avait créé les anges, purs esprits, d'une nature supérieure à celle des hommes, et dont la vie consiste à le connaître et à l'aimer dans une contemplation continuelle de ses perfections infinies.

Première manifestation de la fécondité divine dans l'ordre de la création, les anges devaient aussi être le premier reflet de la beauté incréée, qu'ils puisent sans cesse dans le sein de Dieu, et le type de la perfection hiérarchique, qui forme l'harmonie de l'univers et dont l'idéal est dans la divine Trinité.

Ce fut pour cela que la Sagesse créatrice disposa de la manière la plus admirable ces esprits célestes dans une gradation formant l'échelle mystique par laquelle les adorations du ciel montent jusqu'au trône de la suprême majesté.

Au sommet fut placé Lucifer, le plus beau et le plus intelligent de tous les esprits. Riche de toute la puissance, de toute la lumière et de tout l'amour dont Dieu l'avait doué, il vivait dans une plénitude de bonheur. Mais il devait être éprouvé!...

Dieu, selon l'opinion des docteurs, daignant lui faire part des secrets de son éternelle pensée, lui fit entrevoir le mystère de l'Incarnation du Verbe, ses abaissements, ses humiliations et ses souffrances, par lesquelles la nature humaine allait être élevée au-dessus de la nature angélique.

Enivré par la sublimité de son état, et incapable de sonder les abîmes de la bonté infinie, Lucifer ne voulut pas se soumettre au décret divin qui l'obligeait à adorer la nature humaine divinisée dans le Christ, et il se révolta contre Dieu.

Le cri de la révolte retentit alors dans le ciel, mais il fut étouffé par le cri de la reconnaissance et de l'amour. Lucifer, vaincu, tomba du haut de la gloire dans les profondeurs de l'abîme, et le triomphe de la foi fut complet dans le ciel.

Cependant l'ange rebelle, quoique privé de la lumière divine, ne perdit pas entièrement la force de l'intelligence. Devenu incapable d'aimer, sa vie dès lors ne fut plus qu'une aspiration continuelle de haine contre l'homme et de vengeance contre Dieu. Et quand il vit l'homme sortir des mains du Créateur, beau de la beauté que l'innocence répandait dans son âme, il frémit de rage et voulut réparer la défaite que l'orgueil lui avait fait éprouver.

Il vint attaquer l'homme sur la terre; celui-ci fut séduit et resta sous l'esclavage de Satan. Mais Dieu ne peut être vaincu, et Satan fut écrasé par son propre triomphe; car, en faisant prévariquer l'homme, il servit aux desseins de Dieu qu'il voulait combattre, et à l'accomplissement de l'Incarnation du Verbe contre lequel il s'était révolté.

Toutefois, le pouvoir qu'il avait acquis sur l'homme était grand; car, quoique libre, l'homme subit toujours la pression de la puissance satanique. De là, en grande partie, la facilité avec laquelle nous nous portons vers le mal et la difficulté que nous éprouvons d'adhérer au bien vers lequel, en vertu de notre origine divine, nous ne cessons jamais d'être attirés.

A partir de ce moment, l'ange maudit, profond autant que subtil dans ses voies de perdition, déploya toutes les ressources de son activité inépuisable pour arriver à éloigner l'homme de Dieu, et il n'eut plus qu'un but : sa perte éternelle.

L'audace, l'adresse, la ruse et l'hypocrisie, unies à une persévérance invincible et jamais démentie, lui ont procuré des victoires éclatantes qui, servant à notre punition, ont cependant coopéré à la réalisation du plan divin dans l'œuvre de la Rédemption.

Cette vérité, également affirmée par l'histoire et par la tradition, nous met à même de reconnaître un fait dont il nous paraît très-utile de nous rendre compte, savoir : que les châtiments dans la société chrétienne suivent les grandes prévarications et précèdent les renouvellements que la toute-puissance de Dieu opère, au milieu de la faiblesse et de l'impuissance des hommes, pour le triomphe de son Église.

C'est pour cela que, dans la loi de promission, au milieu des humiliations et des abaissements du peuple d'Israël, Dieu fit éclater sa puissance dans la faiblesse de Moïse, qui délivra ce peuple et prépara sa grandeur.

C'est pour cela que le jour où la dégradation des Juifs était arrivée à son comble, le Très-Haut accomplit le plus grand de tous les miracles : le renouvellement et la transformation du monde entier.

Après la naissance de Jésus-Christ, et pendant tout le temps qu'il resta parmi les hommes, l'ennemi de notre salut, prévoyant que sa défaite approchait, redoubla ses efforts et ses ruses. Repoussé par l'homme-Dieu, auquel il avait osé s'adresser, il suscita contre lui la haine des puissants de la terre et la trahison du plus abominable des hommes. Ce fut par là qu'il assura lui-même notre triomphe ; car, en attachant le Sauveur à la croix, Satan a brisé les chaînes qui avaient retenu le monde captif dans son esclavage.

La mort de Jésus-Christ ayant été le commencement de notre salut et le véritable renouvellement de la société humaine, il fallait, semble-t-il, mentionner ces faits par lesquels l'action satanique s'est révélée avant que le monde fût transformé par la vertu divine de la croix. Il fallait remonter à la source pour suivre le torrent du mal dans sa course destructrice à travers les siècles.

II.

L'ESPRIT DE NEGATION.

Le triomphe du Calvaire ayant changé la face du monde, l'homme se trouva dans une position nouvelle. Le sang répandu par le Christ lui avait donné des forces qu'il n'avait pas auparavant, et il trouva dans les sacrements les armes qui lui rendirent la victoire plus facile. Mais la lutte ne cessa point pour cela ; elle doit durer jusqu'à ce que l'œuvre de la Rédemption soit couronnée par la sanctification du dernier des élus.

Pour continuer ses attaques, l'adversaire implacable de l'Homme-Dieu dut alors changer de stratégie, et il tourna ses efforts contre l'Église, vers laquelle toutes les nations étaient attirées par la force unitive de la vérité déposée dans son sein.

A partir de ce moment, commença le combat le plus acharné dont les effets, déjà très-sensibles dès les premiers jours de l'Église, ont ensuite toujours augmenté, et ont pris, à l'heure qu'il est, des proportions effrayantes.

C'est à quoi on ne pense guère maintenant; au milieu des signes précurseurs des plus grands désastres, loin de chercher le salut dans l'Église, on abandonne cette Église, on se révolte contre elle et on persécute ses ministres. C'est contre Rome que tous les efforts de la révolte ont été dirigés de toutes parts, parce que c'est de Rome que rayonne sur le monde la vraie lumière de l'Évangile, sans laquelle il n'y a ni civilisation ni progrès.

Un mot a été dit, qui devrait nous ouvrir les yeux. Dans le délire de son aveuglement, la révolution triomphante a poussé un cri prophétique : *Rome ou la mort*. Ce cri renferme la dernière expression de la guerre de Satan contre le Christ.

Il ne s'agit plus d'arracher à la vérité un empire ou une nation; c'est le monde entier qu'on veut assujettir à la puissance du mal. Pour y arriver, il faut détruire le boulevard où la vérité trouve sa force, où le droit et la justice ont encore un asile, et d'où l'amour peut encore répandre le feu sacré qui vivifie les nations. Il faut que Rome périsse et que la papauté disparaisse ; sans cela, la révolution cosmopolite qui nous menace est condamnée à être vaincue, comme toutes celles qui l'ont précédée.

Oui, tant que la papauté sera debout, tant que le vicaire de Jésus-Christ pourra élever le bras pour bénir, tant que la base divine de l'édifice élevé par le Fils de Dieu et cimenté de son sang, ne sera point renversée, l'esprit de négation n'arrivera pas à tuer la foi dans les âmes.

Pour bien comprendre le développement et les progrès effrayants de cet esprit de négation dans notre siècle, il nous faut remonter à la dernière moitié du siècle précédent ; car c'est de là que datent les premiers ravages de l'athéisme, dont nous sommes les victimes.

A cette époque, le calme régnait à peu près en Europe. Aux affreuses défections qui avaient déchiré l'Église succédait déjà la tranquillité, qui lui permettait de se raffermir ; le sacerdoce se relevait, et les pays où la tourmente de la réforme n'avait pas emporté la foi, se reposaient après les secousses éprouvées pendant le seizième siècle. En un mot, le monde paraissait appelé à jouir des bienfaits de la paix.

Une telle perspective ne devait point se réaliser, et le dix-huitième siècle, au lieu de réparer les pertes que l'Église avait faites, préparait les voies au coup le plus audacieux que l'esprit de révolte ait osé porter au christianisme.

La sécurité accordée à l'Église dans les pays catholiques ne lui fut pas aussi utile qu'on aurait pu l'espérer. Il y eut des prêtres que le monde aveugla par ses fausses lumières ; d'autres furent séduits par les promesses qu'il leur prodiguait, en retour de leur condescendance criminelle ; d'autres enfin, au lieu de se faire les modèles de leurs troupeaux, selon le précepte de saint Pierre (1), entraînés dans la voie des honneurs et des vaines dignités, se rendirent coupables de la plus funeste négligence.

Ce fut une faute dont ils subirent les suites, et ils se virent frappés de tous les châtiments dus à leurs devanciers pour leurs prévarications et leurs révoltes, qui avaient attiré sur le monde les foudres de la colère divine. Pourquoi le cacher? Les apostats, les hérétiques du seizième siècle étaient sortis de l'Église, et, comme autrefois le grand traître sorti du cénacle, avaient livré Jésus-Christ à ses ennemis. C'est ainsi que la voie fut ouverte à l'esprit de révolte, dont la puis-

(1) S. PIERRE. Ire Ép., II, 3.

sance, devenue de jour en jour plus redoutable, préparait au sacerdoce une expiation exemplaire.

Si le clergé concourut par sa négligence à laisser amonceler les orages qui ont éclaté plus tard et sont encore menaçants sur nos têtes, toutefois il ne fut pas le seul coupable; les rois le furent aussi, et davantage. Qui peut dire l'état d'abaissement et de dégradation morale où était tombée la plus grande partie des représentants de la puissance civile en Europe? Dans presque toutes les cours, la corruption et le scandale étalaient leurs triomphes, et le désordre, descendu des hauteurs du trône jusqu'aux derniers degrés de l'échelle sociale, remplissait les villes de vices et de crimes.

Un aveuglement si déplorable devait produire des conséquences non moins déplorables. Soutenue, en effet, et protégée en quelque sorte par cette disposition des esprits, la révolution fit des progrès très-rapides. En se glissant parmi les mécontents assez nombreux, surtout en France où le terrain était mieux qu'ailleurs disposé, elle prépara une des plus terribles explosions qui furent jamais.

La presse, ce glaive à deux tranchants, dont les coups pénètrent si profondément, empoisonnée déjà par le venin de l'incrédulité, multipliait ses victimes et tuait la vie surnaturelle dans les âmes.

Des hommes à la parole puissante, mais au cœur corrompu, s'élevaient de toutes parts pour appuyer les efforts de la presse; la vérité, hélas! se retirait devant l'impiété triomphante. L'heure de la puissance des ténèbres était arrivée, et l'ange de la révolte, pour achever l'œuvre de destruction si habilement ourdie, lança, au milieu de la société en détresse, Voltaire et Rousseau, afin que le christianisme fût frappé à la fois dans le cœur et dans l'esprit.

Le coup fut mortel, l'Europe chancela, et la révolution se déchaîna sur la France qui l'avait évoquée.

Les autres contrées de l'Europe la virent alors s'avancer, grossissant à chaque pas comme une avalanche à laquelle rien ne peut résister, et, incapables d'arrêter sa course, elles subirent les effets de sa fureur.

Tout tomba sous ses pieds, et elle ne s'arrêta que le jour où elle s'assit en maîtresse sur les trônes et sur les autels renversés.

Mais Satan est avide de victimes, il aime les hécatombes et se réjouit dans le sang.

Pour établir le culte auquel son orgueil prétendait, il lui fallait des sacrifices, des victimes et du sang !... Dans l'ivresse du délire, Paris se hâta de satisfaire cette horrible soif; le sang coula à flots, et la France fut couverte de massacres.

Fruit du crime, le sang est aussi le signe rédempteur de l'expiation et du salut.

Le sang des victimes immolées à la fureur satanique, recueilli par l'ange de la justice éternelle, monta au ciel pour apaiser la colère de Dieu, et la haine de l'enfer servit à un dessein de miséricorde; car si maintenant l'abomination de la désolation n'est pas dans nos temples, et si, au milieu des ténèbres répandues sur l'Europe, un rayon de lumière brille encore sur la France pour lui indiquer le chemin qu'elle doit suivre pour trouver le salut, ne faut-il pas reconnaître qu'elle en est redevable à ses illustres victimes?

Pour celui qui ne renie pas les enseignements de l'histoire, n'est-il pas évident que les châtiments subis par la France lui ont été salutaires? Peut-on méconnaître qu'elle doit son salut à ces vénérables pontifes, à ces prêtres généreux, qui ont préféré la mort à la honte, le martyre à l'apostasie; à ces magistrats intègres et fidèles, à ces nobles vieillards, rendus invincibles par le sentiment de l'honneur; à ces vierges, à ces épouses, à ces mères, à ces femmes héroïques, lâchement immolées parce qu'elles étaient coupables d'être nées à l'ombre du trône; mais surtout à ce grand roi immolé à Dieu, comme le Christ, pour les péchés de son peuple?

Malgré tant d'excès et tant de crimes, la

mesure des iniquités de ce siècle coupable n'était pas encore pleine; il manquait un sacrilége inouï jusqu'à ce jour.

Il fut bientôt consommé!... La France, une fois privée du sacerdoce, n'eut plus de religion, et Dieu lui-même fut chassé; Satan monta alors sur l'autel, et le système de la négation du surnaturel fut pour la première fois solennellement reconnu dans la société chrétienne.

Il y a une contagion pour les maladies de l'âme comme pour celles du corps. La révolution sortie de France propagea dans le reste de l'Europe le poison de l'impiété, pendant que ses armées semaient partout la désolation et la mort.

Déjà préparée à subir la triste influence de ce contact, l'Europe fut infestée dans toutes ses parties, et la gangrène morale et religieuse, depuis longtemps cachée dans son sein, s'étendit bien vite d'une manière effrayante, surtout en Allemagne et dans le Nord, où la révolte religieuse du XVIe siècle d'abord, et plus tard les doctrines de Voltaire, lui avaient frayé le passage.

A l'heure qu'il est, personne ne l'ignore, l'Allemagne, préparée par le protestantisme à s'assimiler les aberrations religieuses sorties de la Révolution française, est devenue le principal foyer de l'opposition aux doctrines que Jésus-Christ a déposées dans le sein de son Église.

A l'aide d'une philosophie rêveuse et souvent faussée, elle a organisé une propagande très-active.

La Russie, à son tour, subissant les mêmes influences, est devenue, elle aussi, un théâtre où l'athéisme livre ses combats.

L'état actuel de la Russie, appelée peut-être à une mission providentielle, est digne de toute l'attention des esprits qui méditent sur la marche des événements en Europe. Dans ce pays, en effet, une lutte est engagée entre l'athéisme et la foi; elle est en grande partie le fruit de la protection accordée par les tzars aux philosophes qui ont préparé la révolution française. De cette lutte sortira ou la perte ou la grandeur de ce pays.

Si l'instinct religieux, profondément enraciné dans ce peuple, triomphe des piéges qu'on lui tend, si sa foi ne se laisse pas affaiblir, et si, à travers les obstacles suscités par la corruption et par le fanatisme, il conserve le respect de l'autorité et de la famille; l'élément de vitalité qui l'anime deviendra toujours plus puissant et plus fécond.

Mais l'avenir de la Russie, dont l'histoire est à peine commencée, dépendra, nous croyons ne pas nous tromper en l'affirmant, de son retour sincère à l'unité catholique. C'est une question vitale dont on s'occupe en ce moment, et avec raison; car la situation actuelle de l'Orient et l'agitation de la politique moscovite ne laissent pas de fournir des motifs sérieux de méditation aux esprits clairvoyants, qui ne s'arrêtent pas à la surface des questions.

Nous ne pouvons, et nous ne devons pas nous arrêter sur un sujet si délicat; il nous suffit d'y avoir touché avant de continuer notre tâche, qui consiste à étudier les progrès toujours plus marqués des principes subversifs propagés par la Révolution.

Satan singe le Christ, dont il est l'adversaire implacable. Après avoir poussé les hommes à proclamer le culte de la Raison et la décadence de Dieu, il lui fallait donner des apôtres à cette religion nouvelle et les répandre sur toute la surface de la terre pour la faire partout reconnaître.

Les disciples de Jésus-Christ s'étant dispersés dans toutes les contrées du monde pour annoncer aux peuples la vérité, il fallait bien que les disciples de Satan fissent la même chose pour annoncer l'erreur. Ils n'ont pas manqué à cette tâche, et leur zèle a été à la hauteur de leur mission. La révolte et l'impiété sont partout, et le danger est plus grand peut-être qu'on ne le pense communément, car l'union satanique des enfants de ténèbres forme un réseau qui enveloppe tous les États.

L'illusion n'est pas possible. Dans toutes les contrées de la terre, il y a des forces occultes prêtes à éclater, des légions organisées qui n'attendent que le mot d'ordre pour se jeter au milieu des villes et pour les ravager de fond en comble. Si l'Europe ne prend garde et si elle ne sort pas de l'engourdissement où elle est tombée en s'éloignant du foyer divin de la vérité, l'essai fait à Paris par la Commune n'est qu'un prélude.

Soyons sincères, et reconnaissons que maintenant les hommes sont comme frappés d'un aveuglement tout diabolique; ils ne savent plus voir le vrai et paraissent incapables de comprendre ce qu'il leur faut. De nos jours, le crime est devenu presque familier, et n'excite plus, même dans les bons, ces sentiments d'horreur dont la conscience est naturellement saisie lorsque la foi vit encore dans les âmes.

La foi, l'espérance et l'amour forment le triple lien qui attache l'homme à Dieu par Jésus-Christ; l'esprit du mal travaille maintenant de toutes ses forces à briser ce lien. C'est pourquoi il attaque Jésus-Christ avec une audace inouïe, dans l'espoir de détruire dans le cœur de l'homme la foi en sa divinité, l'espérance dans ses promesses et l'amour par lequel il nous attire vers lui.

Cette intervention directe, pour nous si visible, de la puissance satanique dans les événements dont nous sommes les témoins oculaires, peut être contestée sans doute ; mais toujours est-il que nous nous trouvons en face d'un danger réel qui augmente chaque jour.

L'état convulsif de l'Europe, les troubles qui l'agitent, ses inquiétudes, ses alarmes nous avertissent, et nous prouvent que dans la société l'équilibre n'existe plus.

Et comment pourrait-il exister au milieu de la confusion générale qui nous empêche de distinguer la vérité de l'erreur, le droit de la force, la justice de la violence? Tristes fruits de la négation de Dieu proclamée ou permise par l'Europe.

III.

LE MIRAGE.

Liberté, Egalité, Fraternité! voilà trois mots qui ont produit des déceptions bien cruelles! En les voyant en France sur les murs des églises et des édifices publics, on est tenté de se demander si on n'a pas voulu se moquer de Jésus-Christ.

C'est Jésus-Christ, en effet, qui nous a rachetés de l'esclavage et nous a déclarés tous égaux et tous frères en se faisant lui-même notre aîné et notre frère; c'est lui qui nous a laissé sa divine croix comme symbole glorieux de la Liberté, de l'Égalité et de la Fraternité chrétiennes, lorsqu'il a signé de son sang le décret de notre délivrance.

Mais après la proclamation des principes de 89, si acclamés dans toutes les langues du monde, ces trois mots n'ont servi qu'à voiler les desseins meurtriers de l'esprit de révolte; ils n'ont été qu'un mirage trompeur, le masque sous lequel la révolution s'est cachée pour égarer et perdre les hommes. Elle y a réussi : et maintenant la réalité se fait jour, sa lumière a dissipé le mirage, le masque est tombé et nous voilà en face de l'anarchie la plus furibonde. L'heure approche, croyons-nous, où le germe jeté dans le sein de la société chrétienne à la fin du siècle dernier va éclore par l'explosion de l'athéisme. Il ne faut pas s'y tromper, tel est le caractère du mouvement révolutionnaire qui agite l'Europe. Arriver à la négation de Dieu par la destruction de l'idée du surnaturel, voilà le but que l'on poursuit avec une activité et une persévérance qui tiennent du prodige.

La presse, à quoi travaille-t-elle? Que prêche-t-on aux masses? Quelles maximes n'entendons-nous pas tous les jours proposer aux âmes aigries par les déceptions et les souffrances? On ne s'en cache plus, et d'un bout à l'autre du monde retentissent ces paroles : *Il n'y a point de Dieu.*

Dans leur délire, les incrédules commencent par dépouiller Jésus-Christ de sa divinité, et c'est avec intention, afin que les peuples soient privés de la lumière, qui peut encore leur montrer l'abîme creusé sous leurs pas.

Alors où arrivera-t-on? Il est facile de le prévoir : à la destruction de la liberté, de l'égalité et de la fraternité, c'est-à-dire au despotisme de l'anarchie, à la tyrannie des passions, et au culte du mal ; car le poison inoculé dans les esprits et dans les cœurs par les profanations sacriléges de 93, doit produire ses fruits.

La liberté est une perfection, le don de Dieu par excellence, le plus beau privilége accordé à la créature raisonnable, le reflet divin de l'état des bienheureux dans le ciel.

Dans l'ordre moral, c'est par la liberté que l'homme acquiert la véritable grandeur, car où seraient la responsabilité et le mérite des actions, si l'homme n'était point libre? Mais, comme celle du premier homme, notre liberté a des bornes, qu'elle ne peut dépasser sans se détruire.

Créé pour posséder la vérité et le bonheur, l'homme doit agir d'après la loi que Dieu a gravée dans sa conscience; la liberté ne vit que dans l'ordre. C'est ce qu'oublia le premier homme dans l'Éden.

Pour réparer cette faute, l'Homme-Dieu a vaincu l'esprit de révolte par son obéissance jusqu'à la mort, et la croix est devenue dès lors le symbole béni de la vraie liberté. Les savants et les législateurs modernes n'ont pas voulu le comprendre, ils ont voulu arriver à une liberté affranchie de lien, et ils ont abouti à l'anarchie.

Maîtresse des idées, cette anarchie a étendu son domaine dans la société tout entière, elle en a envahi tous les degrés, et elle se manifeste par tous les organes qui servent à la communication de la pensée. Pour nous en convaincre, nous n'avons qu'à jeter un regard dans le champ de la politique, où les preuves jaillissent de toutes parts.

Entraînés par une puissance secrète, peuples et gouvernements se précipitent vers un avenir dont l'incertitude les effraie, mais devant lequel ils ne peuvent plus s'arrêter. Dans l'attente d'une solution inconnue, ils se détestent et se craignent, en soupirant après le moment où il leur soit permis de s'entre-détruire. D'un côté et de l'autre, on rejette les projets que la veille on avait embrassés; les conseils de la prudence tombent devant les utopies les plus étranges, et on espère du hasard la planche de salut que la prévoyance n'a pas été à même de trouver.

Le calme apparent qui semble régner en Europe n'est qu'un simulacre d'ordre entretenu par l'impuissance du moment. Les souverains ont des paroles de paix, mais la guerre est au fond de leurs pensées. Une agitation sourde et mal contenue fermente dans le sein de la société, qui, semblable au malade sur sa couche de douleur, se tourne et se retourne sans jamais trouver ni soulagement ni repos.

Voilà où nous en sommes, en attendant que du haut de barricades la dernière explosion du paroxysme anarchique vomisse la ruine et la mort. C'est ce que nous ont mérité les aberrations de ceux qui, devenus instruments dociles de la pensée satanique, ont trompé les rois et les peuples ; tels sont les fruits de la liberté sans Dieu.

Maintenant que l'ordre est troublé et que les mauvais instincts dominent dans les masses, maintenant que la volonté du peuple est souveraine et que la liberté du mal règne en maîtresse dans les esprits, qui peut dire où nous serons entraînés ? Après avoir dit au peuple : tu es roi, tu es Dieu, quel frein pourra-t-on trouver pour arrêter sa toute-puissance ?

Si, quittant le champ de la politique, nous regardons celui de la science, ou celui de la littérature et de l'art, les ravages de l'anarchie nous paraîtront non moins effrayants, et nous verrons à quels abîmes peut conduire la liberté du mal.

En fournissant les moyens qui ont servi à rapprocher les peuples et en détruisant les barrières qui les séparaient, la science a coopéré à un but providentiel, à la réalisation de ces paroles de Jésus-Christ : « *Quand j'aurai été élevé de la terre, j'attirerai tout à moi* (1). » Et certes, sans le secours de la science, notre siècle n'aurait pas fait de si grands progrès vers l'unité, qui est un de ses caractères les plus saillants, et dont nous aurons occasion de nous occuper en parlant du véritable esprit de notre époque.

Telle cependant n'a pas été la visée de la science : sa tendance a été de matérialiser les hommes, en détruisant tout ce qui

(1) S. Jean, XII, 32.

pouvait les aider à s'élever vers Dieu. Avec une hardiesse et une persévérance que la postérité sera obligée d'admirer, la science a vaincu l'espace et le temps, et si la pensée arrive maintenant d'un bout à l'autre du monde avec la rapidité de l'éclair, c'est à la science qu'on le doit. — Mais rien n'a été fait pour nous procurer le bien-être moral, car jamais, dans sa partie spéculative, la science n'a été livrée à l'anarchie comme maintenant, jamais elle n'a été plus soumise à l'action de l'esprit de révolte.

Dans les ouvrages philosophiques de notre siècle, on découvre un vague indéfinissable que les auteurs les plus sérieux ont de la peine à éviter, et qui se révèle surtout dans cette myriade d'écrits plus ou moins corrupteurs que l'athéisme a enfantés. Pour augmenter encore la confusion qui découle des théories subversives de la libre pensée, on a altéré même le langage de la science, dont la précision est si nécessaire pour éviter les équivoques et les discussions inutiles.

Tout cela, parce qu'on a méprisé la vérité, qui seule peut nous montrer l'abîme qui sépare la liberté de l'anarchie; seule elle doit être l'objet de la science, seule elle doit en diriger la marche, et rendre ses découvertes vraiment utiles et fécondes Sans cela il n'y aura que corruption et désordre.

Née avec le premier homme, la science est un élément indispensable à la vie intellectuelle et morale de l'humanité; de même que la séve et le sang sont nécessaires pour entretenir la vie dans les plantes et dans les animaux, de même la science est nécessaire pour conserver la vitalité et la force intellectuelle de l'esprit. Si la plante dépérit et se sèche, si l'animal tombe malade et meurt, quand la séve ou le sang se corrompt; les nations s'affaiblissent et disparaissent quand elles sont corrompues par le mensonge et par l'erreur.

Ce ne sera donc pas la fausse science, ni la grandeur matérielle qui pourra arrêter l'Europe dans sa chute, ce ne sera pas l'habileté de ses hommes d'État, ni les armées qui pourront l'empêcher d'être broyée sous les coups de la justice divine. Un édifice, même le plus majestueux et le mieux harmonisé dans toutes ses parties, tombe en ruine et ne conserve plus aucune trace de sa beauté primitive, si le fondement vient à lui manquer ; la société humaine est le plus beau et le plus parfait de tous les édifices créés par la main de Dieu, et Dieu lui-même en est la base ; ôtez cette base et la société sera dissoute.

Faut-il attendre que cette dissolution soit arrivée pour avoir la preuve des ravages opérés par la révolution dans la partie la plus vitale de la société ? Faut-il rester indifférents en face de l'athéisme multipliant ses efforts ? Faut-il le laisser finir son œuvre après avoir empoisonné et perverti la conscience, l'entendement et le cœur des nations ?

Que la conscience générale soit maintenant pervertie, nous pouvons le reconnaître en considérant la confusion répandue à dessein dans les idées, de sorte que les notions essentielles de l'ordre social sont entièrement faussées; le bien et le mal, la vertu et le vice, la vérité et l'erreur, le despotisme et la liberté se trouvent échangés les uns pour les autres, et il n'est pas rare de rencontrer les défenseurs les plus acharnés de la tyrannie parmi ceux qui proclament les droits de la liberté.

De là la défiance dans les relations sociales, de là les excès de l'immoralité, le brisement des liens sacrés de la famille et les affreuses aberrations qui constituent la véritable anarchie des esprits, non moins étendue que celle des consciences, car si la conscience est faussée, c'est que l'esprit est frappé d'aveuglement.

Cet aveuglement gagne le cœur. Mobile de la volonté, le cœur en détermine les mouvements, qui sont bons ou mauvais, selon que le cœur est mû par l'amour ou par la haine du bien. Mais quand la conscience est gâtée, quand l'esprit est esclave de l'erreur, le cœur ne peut pas ne pas être porté par le débordement des passions aux actions les plus criminelles.

Ne marchons-nous pas vers cet état, ou plutôt n'y sommes-nous pas déjà arrivés? Depuis qu'on cherche à nous enlever le frein salutaire de la loi divine et le secours de l'Évangile que Jésus-Christ nous a laissé comme moyen de sauvegarder la liberté proclamée par lui sur le Calvaire, le mal prend le dessus sur le bien, et la crainte de Dieu est effacée du sanctuaire de la conscience.

Malgré la politesse affectée de nos mœurs, malgré l'habileté avec laquelle on cache le cancer qui ronge la société, malgré les mille soins de la civilisation pour couvrir d'un dehors séduisant la gangrène intérieure, malgré tout ce que l'on débite sur la supériorité de notre siècle; l'affaissement moral devient de jour en jour plus évident et plus sensible.

Ce n'est pas là de l'exagération : cette

conséquence est inévitable quand la raison se soustrait aux divines lumières de la foi, quand la créature veut ne plus reconnaître son Créateur; bref, quand l'homme détruit Dieu pour se mettre à sa place. Cette œuvre de destruction est plus avancée qu'on ne le croit. C'est une guerre à outrance dans laquelle Satan emploie toutes ses ressources et ses armes les plus redoutables.

Ce qui doit nous effrayer dans la lutte actuelle, ce n'est pas l'ardeur du combat, ce sont les armes employées, c'est l'hypocrisie avec laquelle l'incrédulité a été inoculée dans les âmes, c'est la ruse avec laquelle, au nom de la liberté, on empêche les hommes d'agir librement, c'est l'adresse avec laquelle le despotisme satanique est arrivé à enlacer le monde dans un filet qu'on aura bien de la peine à briser.

Comme tout ici-bas est lié par une logique inexorable, la littérature et l'art sont entraînés dans le même tourbillon qui emporte la politique et la science.

La littérature, — qui ne le voit? — n'est plus l'expression des sentiments nobles et généreux, ni le mobile des grands dévouements dont l'Europe surtout a été le glorieux théâtre. Au lieu de l'amour du beau et du vrai, inspiré par la Religion, on ne trouve presque plus maintenant que les rêves mensongers de l'imagination en délire.

C'est un cauchemar qui opprime les intelligences les plus distinguées, et son influence est si puissante que le génie lui-même s'est livré aux excès d'une exaltation fiévreuse qui a enfanté des monstruosités sans nom.

Tous ces ravages se présentent également dans les productions de l'art, dont la décadence s'accentue toujours davantage. Où sont-ils, en effet, les chefs-d'œuvre si nombreux dans les siècles passés, surtout dans les siècles de foi? — Le goût de notre siècle étant corrompu, l'art l'est aussi, et l'inspiration ne venant plus d'en haut, ce n'est qu'en rampant dans la boue que les artistes ramassent leurs sujets; il n'y a plus de dignité, et l'art est prostitué à la spéculation et à la sensualité la plus dégradante.

Produire beaucoup pour gagner beaucoup : voilà la pensée de l'artiste ; voilà ce qui fait agir de nos jours le ciseau et le pinceau. Et si le véritable talent, bravant les plus grands obstacles, ose s'élever à la hauteur de sa noble mission, il retombe bientôt pour expirer dans les serres de la spéculation, ce monstre hideux qui absorbe tout avec une voracité sans égale.

État regrettable, mais qui ne doit pas nous étonner, si nous considérons le bouleversement produit dans les relations sociales par la proclamation des principes destructeurs de la vérité apportée au monde par Jésus-Christ.

Une fois que la loi éternelle a été remplacée par la raison individuelle, le bien-être moral par l'intérêt matériel, la volonté de Dieu par la volonté, ou pour mieux dire par le bon plaisir des masses, quel autre résultat pouvait-on espérer? — Au milieu de tout ce chaos, la liberté, où est-elle? Jésus-Christ nous l'avait donnée en nous délivrant de l'esclavage du mal, mais on nous l'a ravie à la faveur du mirage, dont les intelligences les plus éclairées ont été éblouies, et on nous a privés du droit impérissable d'user librement des moyens que Dieu a accordés à l'homme pour arriver au véritable bonheur, par la recherche du bien.

IV

ESPRIT DU XIXe SIÈCLE.

Le tableau que nous venons de tracer manifeste l'état actuel de la société, mais il ne révèle pas le véritable esprit de notre siècle. Il y a maintenant un double courant, dont l'un agite la surface de la société, pendant que l'autre remue ses entrailles. Le premier est produit par l'esprit de mensonge, le second par l'esprit de vérité qui prépare une réaction salutaire. Chaque siècle se distingue des autres par des faits qui lui sont particuliers, mais dont le mobile principal dépend de la loi providentielle qui règle la marche de tous les événements. Essayons de chercher ce mobile, de découvrir l'enchaînement des faits par lesquels il se manifeste, et de le suivre dans les grands événements qui se déroulent devant nous.

De nos jours, il y a deux catégories de personnes, le plus souvent de bonne foi, dont il faut éviter les jugements également dangereux, quoique diamétralement opposés.

La première est composée d'hommes timides, et ayant peur du travail. Ils voient des désastres partout; à chaque manifestation de l'esprit qui travaille la société, ils croient, pour ainsi dire, que la fin du monde est arrivée, et, dans leur imagination effrayée, ils s'écrient que tout est perdu et que la société tombe en ruine.

L'autre catégorie, non moins nombreuse et bien plus à craindre, se compose d'esprits légers, irréfléchis et superficiels. Égarés bien souvent par une éducation faussée et mal entendue, s'exaltant à chaque secousse de l'opinion publique, avides d'émotions et entraînés par le désir de la nouveauté, ils embrassent en aveugles, comme de véritables bienfaits, toutes les fausses théories qui leur parlent de liberté et de progrès. Les ambitieux et les malintentionnés en profitent pour égarer les masses et pour arriver à leurs fins.

De là une confusion qui ne permet pas de se rendre compte des véritables tendances du siècle et des appréhensions générales, une incertitude toujours croissante qui fait pousser des cris d'alarme ; de là enfin une situation qui force les hommes sérieux à se demander : où allons-nous?

Cette crainte diminue toutefois, si on se met au véritable point de vue pour se rendre compte des mouvements qui agitent présentement l'humanité. Si l'on examine les besoins, les tendances et les aspirations de notre époque, il en résulte la conviction qu'elle est une des plus importantes, que notre siècle est un siècle de renouvellement, et que par conséquent l'esprit qui agite aujourd'hui l'humanité est un esprit de rénovation dont les œuvres seront fécondes.

Ce sera l'accomplissement de la promesse du Christ exprimée par ces admirables paroles, que nous avons déjà citées : « *Quand je serai élevé de la terre, j'attirerai tout à moi.* » Nous tâcherons de le montrer.

Il est incontestable que les œuvres de la Sagesse éternelle, qui dans sa divine providence embrasse les intérêts de tous les hommes, se développent d'après le plan tracé par la pensée de Dieu. Les siècles contribuent, par un travail continuel, à leur frayer le chemin, jusqu'à ce qu'elles reçoivent leur accomplissement, par le triomphe plus ou moins éclatant de la vérité sur l'erreur.

Notre siècle est appelé, croyons-nous, à voir un de ces triomphes, une de ces grandes transformations, qui changent la face de la terre.

De nos jours, nous avons sous nos yeux un phénomène extraordinaire et universel, signe caractéristique de notre époque, phénomène moral, que l'on peut définir : *le besoin de ne pas être ce que l'on est.*

Insaisissable comme l'atmosphère où l'on vit, ce besoin est en nous, sans pour ainsi dire que l'on puisse constater sa présence; on en ressent intérieurement les mouvements, on en subit la pression et on est subjugué par la puissance de son action. Ce besoin de changer, de ne pas être ce que l'on est, de vivre d'une vie à laquelle on aspire et que l'on ne possède pas, doit être satisfait. Il ne l'est pas pour le moment, et parce qu'il ne trouve pas la satisfaction légitime dont il a besoin, il travaille la société, il la remue et il l'agite par des secousses plus ou moins violentes, et que nous avons pu facilement constater.

De cette élaboration intérieure est né, et c'est le second signe, *l'esprit de recherche*, qui a enfanté de grandes découvertes. Le monde entier suit maintenant son entraînement, et personne ne peut, en quelque sorte, s'en défendre. Cet esprit augmente tous les jours davantage, il est devenu comme une vraie passion qui entraîne tous les hommes.

De nos jours, on cherche partout : dans les hauteurs du ciel, dans l'immensité de la mer, dans les profondeurs de la terre, dans la solitude du désert, dans les parties les plus reculées et les plus inaccessibles du globe. Et comme tout dégénère, hélas ! on cherche dans les plaisirs, dans les émotions violentes, dans les satisfactions coupables, dans les spéculations gigantesques, dans les entreprises les plus périlleuses et même dans le crime.

Et que cherche-t-on? Un bien-être qui échappe, un bonheur qui fuit, une félicité qui se dissipe; en un mot, on poursuit un idéal que la réalité détruit bien souvent; on cherche ce que l'on n'a pas, et souvent on ne sait pas ce que l'on cherche. N'est-ce pas là la marque de l'état d'agitation fiévreuse où se trouve la société au milieu des égarements auxquels elle s'est laissé entraîner, et la preuve du besoin qu'elle a des lumières de la vérité?

Un troisième signe, le plus frappant peut-être et le plus remarquable de tous, se manifeste dans *la transformation* qui s'est opérée dans tous les rapports de la société, et l'observateur attentif a dû être frappé du changement extraordinaire qui a eu lieu dans le système social.

De même que dans l'organisme animal, aux différentes époques de la vie, ont lieu des changements lentement préparés, de même une transformation accomplie peu à peu se manifeste maintenant dans l'organisme des sociétés modernes.

Il n'y a qu'à ouvrir les yeux pour le constater et pour reconnaître qu'à présent les idées, les jugements, les goûts, les tendances, les habitudes et les besoins de la vie ont entièrement changé. Changement qui se vérifie aussi bien dans les rapports de peuple à peuple que dans les relations les plus intimes de la famille.

Cette transformation ne peut être sans importance, surtout si on fait attention à un autre signe qui est tout particulier à notre siècle : *la rapidité du mouvement.* Sans partager les frayeurs des alarmistes, nous ne pouvons méconnaître l'influence que cette rapidité exerce sur tous les rapports qui caractérisent le véritable esprit d'une époque; car voilà plus d'un demi-siècle que la science, poussée par une force secrète de la Providence, met à la disposition de l'activité humaine les moyens les plus puissants pour accélérer la marche des événements. Toutes ces découvertes, qui se succèdent d'une manière vraiment étonnante, ne commandent-elles pas de sérieuses réflexions?

Serait-il trop hardi de supposer que nous touchons à la dernière manifestation de la vérité, à la dernière période du renouvellement opéré par le Christ sur le Calvaire, et dont l'accomplissement entier doit se réaliser par l'union de tous les peuples dans la connaissance de la vérité, par la promulgation de l'Évangile chez toutes les nations?

Quoi qu'il en soit de cette hypothèse, il n'est pas moins vrai de dire que les signes que nous avons indiqués donnent à notre siècle un caractère tout particulier, ce que nous constaterons encore mieux, si nous examinons un autre phénomène dont la présence ne peut être contestée par personne.

N'entendons-nous pas encore, en plein XIXe siècle, ces mots de l'impie : *Mangeons et buvons, demain nous ne serons plus, tout plaisir finit après la mort* (1)? Cette théorie ne se présente-t-elle pas au milieu de la société chrétienne avec les symptômes les plus alarmants?... Chez les païens, l'amour des satisfactions sensuelles était en quelque sorte naturel, mais dans la société chrétienne il indique un mouvement contre nature. C'est pour cela que la conscience des nations se dispose à une réaction salutaire et, à l'heure qu'il est, indispensable.

L'esprit du mal, par des efforts suprêmes, cherche, nous l'avons vu, à réaliser le triomphe de l'homme sur Dieu.

(1) Isaïe, XXII, 13.

Mais l'idée de Dieu et la pensée de sa présence ne peuvent être arrachées à l'humanité. L'élément divin, versé dans son sein par l'Incarnation du Verbe, lui a donné la vertu vivifiante qui la fait vivre au milieu de la mort, et qui la renouvelle au moment même où elle paraît destinée à périr. C'est cette vertu qui la renouvelle maintenant!... Singulière époque que la nôtre!... En considérant les progrès de la négation, on serait tenté de croire que non-seulement le sentiment religieux, mais aussi l'idée du surnaturel va disparaître. Il n'en est rien cependant, et nous voyons, au contraire, que l'athéisme, par ses exploits insensés, pousse les hommes à un retour vers la religion, et qu'il suscite dans les âmes l'étincelle de la foi par les efforts qu'il fait pour leur prouver que Dieu n'existe pas. N'avons-nous pas raison d'affirmer que notre siècle est un siècle de renouvellement et de lutte? Et ne pourrions-nous pas dire que c'est une lutte dans laquelle l'humanité pourrait être tout entière engagée ? Le P. Lacordaire, l'illustre orateur de Notre-Dame-de Paris, a dit : « Je ne pense pas que jamais l'ordre du « moyen âge, avec ses voies de contrainte, « s'établisse dans le monde entier ; mais peu « à peu tous les peuples entrant dans des « communications de plus en plus rapides, la « force ne soutenant plus les erreurs, les « schismes et les fausses religions, il se fera « deux unités : l'une positive, qui réunira « tous les chrétiens; l'autre négative, qui « réunira tous les sceptiques, et de la lutte « de ces deux forces colossales naîtront les « combats des derniers jours (1). »

Touchons-nous à cette époque? Nous n'oserions l'assurer, quoiqu'il ne soit pas difficile de s'apercevoir que les deux camps indiqués par le Père Lacordaire commencent déjà à se dessiner. Ce que nous pouvons regarder comme positif, c'est que le monde se transforme et se renouvelle par l'action

(1) *Vie intime et religieuse du P. Lacordaire*, par le R. P. Chocarne. Ch. XVIII, p. 562.

d'une puissance secrète, dont le développement a été favorisé de nos jours par les exploits de la politique et de la science.

V

LA POLITIQUE ET LA SCIENCE.

« *Mes pensées ne sont pas vos pensées, et mes voies ne sont pas vos voies*(1), » a dit Dieu par la bouche d'Isaïe ; c'est pourquoi il condamne les pensées fausses et les voies tortueuses de la politique humaine, les mesquines combinaisons et les calculs trompeurs des habiles d'ici-bas. Ses plans, conçus de toute éternité, se déroulent lentement dans la vérité et dans la justice, et ils déjouent les projets de la ruse par la simplicité de leurs procédés.

Il en est de même de sa science ; elle n'est

(1) Isaïe, LV, 8.

pas le résultat des modifications successives ni des découvertes qui produisent peu à peu notre science si souvent aveugle ; Dieu est lui-même sa propre science ; il connaît toutes choses en lui-même, et, par une vue éternellement actuelle, il embrasse tous les événements. Le passé, le présent, l'avenir sont toujours devant lui ; rien ne lui échappe. Saint Augustin fait admirablement ressortir cette vérité, lorsqu'il dit que « Dieu, de toute « éternité, a tout vu et tout connu pour « toute la durée des siècles ; qu'aucune pen- « sée ni aucune connaissance ne peut lui « arriver de nouveau, et qu'il ne peut rien « perdre, ni rien acquérir, parce qu'il est « immuable. » De là le calme, l'assurance et la tranquillité inaltérable qui président à toutes les œuvres de sa pensée.

En traçant le plan de la création, Dieu en a vu tout le développement ; tout lui était présent, depuis le premier rayon de la lumière qui devait éclairer le monde, jusqu'à la dernière étincelle du feu qui doit le détruire. Il dirige la marche de l'univers sans que jamais la liberté de l'homme soit entravée, et, au milieu des faiblesses de la nature humaine, il poursuit son œuvre, en faisant servir les éléments et les hommes à l'accomplissement de ses desseins éternels.

Le but suprême de la création, par rapport à nous, étant le bonheur des élus appelés à être éternellement unis à Dieu par le Christ, tout doit y contribuer jusqu'au jour où cette union sera complète. En attendant ce jour, la lutte plus ou moins violente, plus ou moins manifeste entre le bien et le mal doit continuer, et c'est au milieu de ces combats que Dieu choisit ses instruments, dont les plus actifs dans ce siècle ont été la politique et la science.

Nous n'entendons pas traiter directement des questions politiques qui retentissent si douloureusement en Europe ; il nous faut néanmoins y toucher pour développer notre sujet. Notre manière d'envisager les événements au milieu desquels nous nous trouvons pourra n'être pas partagée par tous ; mais pourquoi ne nous permettrait-on pas de manifester librement notre pensée ?

Et d'abord, nous devons constater ce qui ressort de tout l'ensemble des faits qui caractérisent la politique de notre siècle, savoir la tendance unitive qui domine le monde. Ce fait, clef de voûte de la politique contemporaine, se révèle par la marche qu'elle a suivie, les procédés qu'elle a employés, l'impulsion et la direction qu'elle a données aux événements, et plus encore par les grandes concentrations qu'elle a opérées.

Mais qu'a-t-elle fait pour aider le progrès moral et religieux, le seul véritable, et sans lequel il n'y a que déception et ruine ? de quelle manière a-t-elle contribué, à son insu, à la réalisation du plan divin ?

Nous avons dit qu'un double courant existe maintenant, et nous le voyons aussi se manifester dans le camp de la politique. Energique, hardie et entreprenante, la politique révolutionnaire, en brisant les liens du passé, a voulu se servir du principe de l'unité des races pour arriver peu à peu à établir la domination de la pensée humaine. Dirigée par une pénétration de regard qu'on ne peut nier, conduite à travers les chemins les plus difficiles par une volonté indomptable, aidée par la finesse et par la ruse, appuyée par l'influence et la fascination du prestige, elle domine le monde et l'oblige à embrasser l'unité négative dont nous parle le P. Lacordaire.

Maîtresse des cours, elle dirige les conseils des rois, et les masses subissent sa domination despotique. Sans s'arrêter dans son élan frénétique, elle dilate toujours plus ses conquêtes, et tout paraît contribuer à la rendre prédominante au milieu de l'impuissance de la politique conservatrice.

Défiante et timide, sans énergie et sans force, celle-ci paraît ne pas avoir compris sa mission. Au lieu de regarder dans l'avenir, on dirait qu'elle ferme les yeux pour ne pas le voir; au lieu de marcher en avant pour dominer et pour diriger les mouvements de l'opinion publique, on serait tenté de croire qu'elle recule et qu'elle n'a pas la force de former l'unité positive qui doit briser les liens formés par la révolution triomphante.

Cependant les éléments de cette unité existent déjà ; le cri d'alarme jeté par les hommes de foi au milieu de l'Europe, les excès de la révolution et son incapacité à satisfaire les véritables besoins des peuples, et cette voix du Vatican, qui ne cesse de parler au monde, concourent à féconder ces éléments et à les développer.

Cela ne veut pas dire que nous soyons arrivés à l'époque annoncée par le grand dominicain; mais ne pouvons-nous pas reconnaître dans ces dispositions de la société actuelle le signe providentiel d'un renouvellement qui ne pourra s'opérer que par la lutte?

Quel sera-t-il ce renouvellement, si ce n'est pas celui dont nous avons déjà parlé plus haut? Au point où la politique a poussé les choses, il n'y a plus de possible que la négation ou l'affirmation absolue, l'athéisme ou le catholicisme. C'est l'alternative à laquelle nous ont amenés les exploits de la politique

Cette alternative n'existe pas pour celui qui a voulu se rendre compte du mouvement vers la liberté qui s'est manifesté de nos jours, et dont le résultat ne peut être que le triomphe du catholicisme, triomphe auquel la politique révolutionnaire a contribué malgré elle.

La liberté suppose la connaissance et l'amour du bien. Plus on connaît le bien, plus on l'aime, et l'acte libre qui en découle n'en est que plus éclairé et plus puissant; la parfaite possession de la liberté se trouve dans la connaissance et dans l'amour parfait du bien infini. C'est l'état des bienheureux, dont un reflet existe ici-bas dans le catholicisme.

Gardien unique de la vérité que le Christ a déposée dans son sein, le catholicisme a la puissance d'élever l'homme au plus haut degré auquel peuvent atteindre ici-bas la connaissance et l'amour du bien, et par conséquent au plus haut degré de liberté.

C'est donc en prenant le catholicisme comme centre de son activité, que l'unité positive pourra se fortifier, s'accroître et s'étendre sous l'impulsion de la politique conservatrice, dont le rôle bienfaisant a déjà acquis une véritable importance.

Maintenant il est temps de marcher en avant. L'incendie, qui ne le voit? est partout allumé, et bientôt toute l'Europe pourra être en feu. Le démon de la discorde a été évoqué par l'égoïsme des passions politiques, et la société chrétienne a été livrée à sa fureur.

Dans la vie de l'humanité, il y a des moments solennels, suprêmes, qui décident de la destinée de plusieurs siècles. L'heure de la puissance divine ne serait-elle pas arrivée? Le frémissement secret qui agite les cœurs paraît l'indiquer, et plus encore peut-être l'état d'inquiétude et d'attente qui ne permet pas aux gouvernements d'arrêter l'impulsion que leur politique a imprimée aux événements de notre époque.

A cette impulsion vers l'unité ont contribué, non-seulement la politique, mais la science aussi par ses découvertes merveilleuses. Ainsi que nous l'avons vu, en rapprochant les peuples, en les reliant par des communications multiples et instantanées, elle a préparé cette heure où, selon la touchante expression de saint Paul (1), « *il n'y aura plus ni Juifs, ni Barbares, ni Grecs, ni Romains,* » mais des frères unis par les liens de la charité du Christ.

Si souvent elle a essayé de tourner contre la religion et le surnaturel ses explorations dans l'ordre physique, si elle semble s'être plus préoccupée d'assurer et d'étendre le bien-être matériel pour l'homme que de développer son esprit et son cœur, de l'ennoblir, de l'élever au-dessus des passions et des

(1) *Rom.*, x, 12.

faiblesses de la nature, pour le rendre digne de son éternelle destinée ; chaque jour la lumière se fait en faveur de la vérité, et sous l'action providentielle de Dieu, qui fixe certaines bornes au mal et dirige tous les événements pour le salut des élus, l'humanité ne peut arrêter la réalisation du bien voulu par le Très-Haut.

VI

LE GOUFFRE.

Toutes les lois de la nature sont réglées par une force universelle et suprême, qui les enchaîne en les soumettant à la volonté de Dieu, règle infaillible et loi éternelle de toutes choses.

Cette force embrasse l'ordre physique aussi bien que l'ordre moral, en les unissant par un lien de dépendance à l'ordre surnaturel et formant ainsi l'harmonie admirable par laquelle se révèle l'action de Dieu dans la création et la conservation de l'univers.

L'homme, créé à l'image de Dieu, reproduisait en lui-même, d'une manière parfaite, cette harmonie, et un équilibre inaltérable régnait dans tout son être. L'esprit et le corps formaient en lui un tout harmonieux.

Dans cet état l'homme aurait été toujours uni à Dieu; l'égalité la plus parfaite aurait régné dans la famille humaine, et l'ordre social n'aurait été que la reproduction de l'ordre immuable établi dans le ciel par la sagesse éternelle. Mais cela n'était plus possible après la chute; car l'homme, privé de sa communication immédiate et directe avec Dieu, avait perdu la paix; l'esprit s'était obscurci, et le cœur, soumis aux passions, avait communiqué au corps la corruption et la faiblesse.

L'inégalité morale, intellectuelle et physique devenait dès lors une condition inévitable de notre existence, et en même temps la raison sur laquelle repose la hiérarchie sociale.

La politique et la science ont travaillé au renversement de cet ordre hiérarchique, et leurs efforts ont visé à une égalité impossible, à un nivellement contre nature, dont le socialisme est l'expression naturelle.

Rationalisme mal déguisé, le socialisme n'est au fond que l'abolition de toute religion, de toute propriété, bref, la dissolution des principes qui tiennent encore la société humaine en équilibre.

Avec la liberté, Jésus-Christ nous a acquis le droit à posséder les biens éternels, et devant ce droit tous les hommes sont vraiment égaux; les différences hiérarchiques deviennent même des moyens pour atteindre cette fin. Maintenant on proclame le contraire ; par un renversement complet, on veut détruire ce que Jésus-Christ a fait, niveler toutes choses, sans tenir compte des conditions de notre existence, sans vouloir comprendre que ce nivellement contre nature n'aboutirait qu'à la dissolution complète de l'ordre social.

On a beau couvrir cette conclusion inévitable sous des raisonnements aussi vides que pompeux ; on a beau parler d'égalité devant la loi, d'égalité dans l'exercice des droits accordés par la loi, d'égalité dans l'accomplissement des devoirs qu'elle impose ; si on détruit l'égalité que la Rédemption nous a méritée, si on nous prive du droit d'être enfants de Dieu, frères en Jésus-Christ et observateurs de sa loi, nous ne serons plus que les instruments ou les victimes de l'esprit du mal et les esclaves de son affreux despotisme.

La société humaine a besoin de jouir librement de tous les avantages qui découlent de la possession des biens que l'Homme-Dieu nous a laissés, et pour cela il faut que le principe d'autorité soit solidement établi et reconnu. Le juste équilibre entre l'exercice du droit et l'accomplissement du devoir ne pourra jamais exister si le principe d'autorité n'existe pas.

Mais si on rejette Dieu, qui en est le fondement, si on lui substitue le bon plaisir de la raison humaine, si l'Évangile, code divin de la vérité et par conséquent de l'autorité, est déchiré, qui pourra nous empêcher de tomber dans un gouffre d'autant plus affreux qu'il nous sera moins possible d'en mesurer les abîmes?

L'accomplissement du devoir et la soumission à la loi impliquent l'acceptation des sacrifices qu'ils imposent. Cette acceptation n'est possible que par l'appui d'une force supérieure à la nature humaine, dont les instincts répugnent à la souffrance. Cette force nous vient de la foi dans le surnaturel. Otez cette foi, et vous n'aurez plus que le déchaînement des passions les plus brutales, le triomphe de la matière sur l'esprit, et, comme dernier résultat inévitable, une décadence toujours progressive jusqu'à l'effacement complet de la raison qui distingue l'homme de la brute.

Ce résultat n'arrivera pas sans doute; toutefois il serait logique, si l'homme était un singe perfectionné, sans autre avantage qu'une correction plus grande dans les formes.

Pour comprendre combien est redoutable le gouffre que l'on creuse sous nos pas, nous n'avons pas besoin du secours de l'imagination ; la réalité est bien plus éloquente.

Nous avons parlé de l'origine et des progrès de l'esprit de négation, il est de notre devoir de montrer les ravages qu'il a déjà faits, et d'indiquer les conséquences qui résulteraient de son action si on ne se hâte de l'arrêter. C'est à regret que nous touchons ce point, mais nous le devons à la vérité, et, si nous soulevons le voile qui cache nos affreuses misères, ce n'est que pour faire comprendre où doit tomber tôt ou tard une société sans Dieu.

Parmi les choses extraordinaires de notre époque, une des plus frappantes est, sans contredit, la tendance à la destruction, qui se révèle un peu partout. Sans parler des guerres, dont la force destructive moissonne des milliers de vies en quelques heures, nous voyons les masses attirées plus particulièrement vers les vices qui attaquent la vie dans sa source. La statistique nous le dit, et l'élévation continuelle de ses chiffres se passe de commentaires. Depuis qu'on a voulu ôter au mariage le cachet sacré et divin que Dieu lui a imprimé, ses liens n'ont plus la force que la religion leur donnait ; les affections de famille s'affaiblissent, et bien souvent la discorde les brise par des séparations scandaleuses. Mais lors même qu'on n'arrive pas à ce résultat, la sainteté du lien conjugal n'en est pas moins profondément atteinte par le mépris des lois de Dieu et par la résistance apportée à ses volontés.

Dieu a dit, en unissant l'homme et la femme : *Croissez et multipliez-vous* (1) : mais dans notre siècle égoïste on calcule contre Dieu, on veut fixer des limites à sa puissance, et au lieu de cette auréole de gloire et d'honneur dont se couronnaient autrefois les familles chrétiennes par une nombreuse postérité, on ne rencontre plus

(1) *Gen.*, I, 28 ; VIII, 17 ; IX, 7.

que l'isolement et l'étiolement, protestation vivante contre l'oubli criminel des saintes lois du Créateur.

Après cela, faut-il parler des suites qui accompagnent les unions criminelles formées chaque jour par le vice, et chaque jour détruites par le caprice? Faut-il parler de ces êtres malheureux jetés au milieu de la société sans avoir jamais connu ni les joies de la famille, ni les ineffables douceurs des caresses maternelles? Faut-il dire enfin que le désordre, comme un fleuve débordé, envahit et submerge dans ses flots bourbeux et empoisonnés non-seulement les villes, mais encore les bourgades et les campagnes, préservées jusqu'alors par les digues salutaires de la religion?

En détruisant ces digues, l'impiété a ouvert le chemin à tous les autres fléaux qui désolent la société et la dévorent. L'ivrognerie, qui ne le sait? a fait des progrès effrayants. Combien d'intelligences n'a-t-elle pas éteintes? Combien de constitutions, même les plus robustes, n'a-t-elle pas anéanties? Combien de crimes n'a-t-elle pas engendrés? Les maisons de santé et les hospices, comme les fastes judiciaires, le constatent chaque jour; les maladies enfantées par le vice ont partout augmenté; la folie a pris des proportions jusqu'à présent inouïes, et si à tout cela nous ajoutons le chiffre énorme de suicides, dernière et inexorable conséquence de l'athéisme, nous pourrons connaître où nous sommes arrivés en glissant sur la pente de la libre pensée, et nous pourrons nous faire une idée de la profondeur de l'abîme sur lequel nous vivons.

La révolte contre Dieu est le plus grand de tous les crimes. Elle l'est d'autant plus de nos jours, que plus grande a été la malice avec laquelle on a méprisé les lumières de l'Évangile. Il n'y aurait donc pas de quoi s'étonner si un châtiment des plus exemplaires nous était réservé.

N'oublions pas que la corruption amène la mort et que, dans d'autres époques, la main de Dieu s'est appesantie sur des nations et sur des peuples peut-être moins coupables que nous; rappelons-nous dans quel état la corruption a réduit l'Orient, dont la puissance n'était guère inférieure à la nôtre, ni la civilisation moins avancée.

Malheur à nous si nous ne profitons pas des enseignements de l'histoire, si, dans notre aveuglement orgueilleux, nous aussi, nous comptons sur la multitude des armées au lieu de mettre notre confiance dans le nom du Seigneur, si, en contemplant ces grandes ruines respectées par le souffle des siècles, nous n'arrivons pas à comprendre que Dieu seul est tout-puissant!

Depuis que la révolution l'a envahie, l'Europe dépérit; sa dignité et son influence sont compromises. Quel avenir lui a-t-on préparé? En déplaçant les forces vitales des nations par une centralisation excessive, la politique et la science ont créé des besoins, des désirs et des passions presque inconnus jusqu'à présent. Ce faux mouvement imprimé à l'organisme social a troublé sensiblement son équilibre, et, si l'on n'y fait attention, son existence pourrait être en péril. Un grand évêque l'a dit, et sa parole paraît se confirmer.

C'est en vain qu'on s'efforce de dissimuler ce péril; c'est en vain qu'on prétend nous dérober nos misères morales par l'étalage des grandeurs éphémères; c'est en vain qu'on élève des monuments gigantesques, et surtout c'est en vain qu'on veut nous rassurer en multipliant les armées et, avec elles, les moyens de destruction. Hélas! cette apparence de bien-être, ce simulacre de prospérité, ce déploiement de forces n'est qu'un voile qui couvre mal notre faiblesse, et qui pourrait bientôt se changer en un drap mortuaire pour envelopper la suprématie de l'Europe.

Rien, en effet, n'est plus naturel que le dépérissement et la chute des peuples en révolte contre Dieu.

Le Saint-Esprit a dit que *le péché rend les*

peuples malheureux (1); mais l'athéisme est le plus grand des péchés en même temps que la plus coupable de toutes les révoltes; quels malheurs n'amènera-t-il pas s'il parvient à s'établir parmi nous, s'il remporte un triomphe sur la foi?

Ce triomphe n'aura pas lieu, il faut bien l'espérer, et nous ne devons pas perdre courage; car, si la politique et la science ont manqué à leur mission, si les peuples et les rois se sont égarés, s'ils ont écouté leur égoïsme au lieu de prêter l'oreille à la voix du devoir et de la conscience, Dieu s'est servi de leur égoïsme pour les confondre et pour hâter en même temps le triomphe de la foi, qui est aussi celui de la vérité et de la justice.

Il est dit que l'homme s'agite et que Dieu le conduit. C'est ce que nous croyons remarquer dans les événements qui s'accomplissent sous nos yeux. Les exploits de la politique et les découvertes de la science ont amené un

(1) *Prov.*, XIV, 34.

état de choses qui nous fait entrevoir une résurrection prochaine, non à cause de la volonté des hommes d'État et des savants, mais à cause de l'impossibilité dans laquelle on a placé la société de continuer sa marche. Il semble qu'il n'y ait plus présentement pour elle que deux alternatives : ou se renouveler, ou périr.

Qu'il nous soit permis de nous promettre la première. Dieu ne se plaît-il pas à confondre la sagesse et la grandeur de ceux qui agissent en dehors de lui ? Et n'est-ce pas au milieu des humiliations de son peuple qu'il accomplit les œuvres les plus merveilleuses de sa toute-puissance et de sa miséricorde ?

Israël, nous l'avons déjà remarqué, était captif sous la puissance du roi d'Égypte quand Moïse fut suscité pour commencer l'ère de ses véritables grandeurs ; toute la terre obéissait au plus puissant des Césars quand le peuple de Dieu, abaissé et humilié, reçut le salut par le plus grand des prodiges opéré dans le sein de la plus humble des vierges.

Maintenant les humiliations de l'Église sont arrivées, pour ainsi dire, à leur comble et le Christ est captif dans la personne de son vicaire. Nous devons donc croire que le salut est proche et qu'il nous arrivera, comme toujours, par Celui dont *la puissance est éternelle et dont le règne ne sera point affaibli* (1).

Certes, nous avons tout lieu d'espérer que Dieu n'abandonnera pas l'Europe ; toutefois, les dangers auxquels elle est exposée sont immenses. Ne pourrait-on pas craindre pour elle de nouveaux jours d'humiliation et d'épreuve ? Ne pourrions-nous pas être exposés à voir tomber la suprématie civilisatrice, qu'elle a su toujours maintenir en conservant la vérité dans son sein ? Ne serait-elle pas dans une phase de décadence ?

Voilà dix-huit siècles que l'Église poursuit sa course en élargissant toujours ses conquêtes : jamais elle ne s'est éloignée de sa voie ;

(1) Daniel, VII, 14.

inébranlable au milieu des tempêtes, jamais elle n'a été renversée; et maintenant, bravant les obstacles qui voudraient l'arrêter, elle marche vers de nouvelles et plus glorieuses destinées.

A la suite des conquêtes de la politique et des succès de la science, la croix a pénétré dans les pays les plus reculés, et, fécondée par le sang des martyrs, elle étend tous les jours davantage ses bras protecteurs sur des peuples que la vérité invite à jouir de ses bienfaits. Un mouvement régénérateur paraît réveiller l'Orient, pendant que l'Occident est en proie aux déchirements de l'ambition, aux intrigues, disons mieux, à l'anarchie des partis.

Le grand problème à la solution duquel n'arriveront jamais la politique et la science, si elles continuent à marcher dans la voie qu'elles suivent, pourrait encore être résolu; il serait encore possible d'éviter les bouleversements qui nous menacent, en opérant l'union de l'Occident et de l'Orient dans la vérité de l'Église de Jésus-Christ. Mais hélas! au point où nous en sommes, nous ne pouvons guère l'espérer : dès lors, il ne nous reste qu'à étudier les moyens de réparer le mal, et rechercher ce qui nous tirera du gouffre ouvert sous nos pas.

VII

L'ÉGLISE.

Jésus-Christ ayant dit : *Je suis la lumière du monde, celui qui me suit ne marche pas dans les ténèbres* (1), c'est vers lui qu'il nous faut tourner nos regards, si nous voulons trouver le salut.

Pour que les maux qui nous accablent disparaissent, Jésus-Christ doit reprendre sa place.

Le moment, croyons-nous, est arrivé où la société chrétienne, par un retour sincère à l'unité de la foi, doit se soustraire aux

(1) S. Jean, VIII, 12.

étreintes de l'incrédulité, qui épuise toutes ses forces.

Ce retour, bien difficile à l'heure présente, ne nous semblera pas impossible si nous jetons un coup d'œil sur l'histoire pour considérer la vie de l'Église et sa divine constitution, la vitalité inépuisable qu'elle renferme dans son sein, et surtout le spectacle que présente la papauté dans notre siècle.

L'Église, le sacerdoce, le Christ, voilà les trois instruments de la pensée divine pour le salut du monde.

Dans la pensée de Dieu, l'Église a toujours existé ; mais sur la terre, quoique née avec le premier homme, elle n'a été révélée d'une manière complète que par le Christ, et c'est par le sacerdoce que sa mission vivifiante et unitive a commencé le jour où l'Esprit-Saint l'a fécondée dans le cénacle de Jérusalem.

A partir de ce moment, la vie de l'Église n'a fait que se fortifier, et ses progrès ont toujours été marqués au coin du divin, comme au premier moment de son existence.

Sortie à peine du Cénacle, elle parcourt la terre semblable à un géant, et rien ne l'arrête. Sa parole retentit jusqu'aux extrémités du monde pour annoncer la résurrection et la vie aux nations les plus reculées.

Dans cette course si rapide, dans cet épanchement si merveilleux, dans cet élan que la pensée a de la peine à suivre, quel accord, quelle entente, quelle unité !

A l'Orient et à l'Occident, au Septentrion et au Midi, elle se manifeste dans toute sa puissance et ornée des divins caractères qui la distinguent, comme d'une parure royale qu'elle ne doit point quitter. Partout on la retrouve une dans sa doctrine et dans son ministère, sainte dans ses dogmes, dans sa morale et dans sa discipline, universelle dans son inépuisable charité et inébranlablement appuyée sur le ministère des apôtres.

Et maintenant encore, après tant de siècles, cette divine unité formée par le Saint-Esprit existe toujours. Non-seulement en Europe, mais en Asie, en Afrique, en Amérique et jusque dans les contrées les plus sauvages de l'Océanie, partout, en un mot, où la voix du missionnaire catholique a retenti, l'Église a paru toujours la même; car elle repose toujours sur la même base, c'est-à-dire sur la même foi et sur la même morale que prêchèrent les apôtres au sortir du Cénacle.

La grandeur et la puissance de l'Église nous apparaissent encore au milieu des ruines dans lesquelles a été ensevelie la gloire de Rome païenne. Quand on monte au Capitole et que l'on regarde ensuite les colonnes, les arcs de triomphe et les temples où respire encore la majesté du peuple-roi, on est frappé d'étonnement. Ce monde de monuments, de ruines et de souvenirs remplit l'âme d'une frayeur salutaire, et on dirait que la main de Dieu, en les réunissant, a voulu nous montrer la caducité de la puissance et de la gloire humaine.

Si, au fond de cette scène imposante, on contemple la majesté du Colisée, témoin des combats et des victoires des martyrs, resté debout pour être la preuve irréfutable de la vitalité, de la puissance dè l'Eglise, on est saisi d'un frémissement involontaire, le cœur palpite sous un sentiment inexplicable de crainte et de respect, l'âme est agitée par une foule d'impressions les plus opposées, l'esprit se sent illuminé de clartés plus fortes, et, comme irrésistiblement, l'on prie et l'on croit.

Quand on est chrétien, et surtout quand on a le bonheur d'être catholique, on comprend ce qu'il y a de fécondité et de vie dans chaque petit grain de ce sable qui compose le sol béni du Colisée, on comprend la mission de ces athlètes généreux, et on n'a pas besoin d'autres preuves pour connaître les grandeurs de l'Église.

Que serions-nous maintenant si le sang des martyrs n'eût pas cimenté l'édifice naissant de l'Église ? s'il n'eût pas noyé dans ses flots le despotisme et les superstitions de Rome ? s'il n'eût pas rompu les chaînes de l'esclavage en proclamant la liberté et la véritable indépendance des nations ?...

Maîtresse des peuples et modératrice des empires, l'Église répand bientôt dans le monde les purs rayons de la science; elle ouvre ensuite le chemin au progrès, à la civilisation, et manifeste cette grandeur morale dont le Christianisme a seul le dépôt, et qui nous soutient au milieu de nos défaillances et de nos faiblesses.

Les Basile, les Grégoire, les Chrysostome en Orient; les Jérôme, les Ambroise et les Augustin et plus tard les Bernard et les Thomas d'Aquin en Occident, forment par leur science comme un mur d'airain qui protége l'Église contre les attaques incessantes de l'erreur.

C'est aussi à cette époque de sa vie que l'Église, avec la sagesse la plus prévoyante, raffermit les règles indispensables à la conduite des fidèles et nécessaires pour la direction de toutes les affaires de son gouvernement. Les canons des conciles, les décrets des pontifes et toutes les ordonnances disciplinaires promulguées dans ce temps nous en apprennent tous les ressorts.

Si après tant de grandeur, de puissance et de gloire nous voyons maintenant l'erreur se dresser menaçante pour opprimer la vérité, faudra-t-il désespérer de l'Église, craindre qu'elle soit arrivée à la fin de sa mission terrestre? Nous ne le croyons pas. Le moment n'est pas venu, selon nous, où la terre doit être inondée par *l'abomination de la désolation*, suivant la terrible expression du prophète(1). La crise actuelle n'est, à notre avis, qu'un effet de la transformation sociale, dont nous avons cherché à donner un aperçu. N'est-il pas permis d'espérer que la charité, après avoir répandu de nouveau son divin feu dans le cœur de l'humanité, apportera une ère nouvelle de prospérité et de bonheur, avec la paix promise aux hommes de bonne volonté et aux nations qui n'auront pas brisé entière-

(1) Dan., IX, 27.

ment les liens qui les tiennent attachées à Jésus-Christ ?

Mais avant que ce jour si désiré réjouisse la terre et que l'amour ait cimenté l'union de tous les peuples, un effort généreux nous paraît nécessaire.

En signalant les épreuves que nous croyons réservées à l'Église, nous avons dit que son triomphe sera l'œuvre de la justice et de la miséricorde de Dieu ; cependant il ne faut point oublier que Dieu arrive à ses fins par la coopération de l'homme.

Les apôtres, les martyrs, les docteurs et les missionnaires de tous les temps en sont la preuve ; ils ont été les coopérateurs du Christ, et les forces invisibles qui ont dompté et brisé la puissance de l'erreur.

Toutes ces forces ont été invincibles, parce qu'elles ont été appuyées par la force d'un seul homme. Cet homme, c'est le Pape.

Pour soulever le monde et le renverser, Archimède demandait un point d'appui ; l'impiété en demande un aussi pour renverser la papauté. Le grand géomètre, croyons-nous, était persuadé de l'inutilité de ses efforts; l'impiété ne veut pas reconnaître que sa folle prétention ne pourra jamais se réaliser.

Ce n'est qu'en détruisant la papauté que la révolution peut assurer son triomphe. Pour réussir, elle n'a négligé aucun moyen. La persécution, la calomnie, la séduction, la violence, la flatterie, la ruse, la corruption et l'hypocrisie lui ont servi de moyens; mais tous ces leviers se sont brisés entre ses mains.

Chaque novateur, chaque hérésiarque, chaque impie, n'importe de quel siècle, a cru atteindre le but. Après dix-huit siècles d'échecs, on est plus aveugle que jamais, et on recommence les essais avec un redoublement d'ardeur. Comme si notre siècle, riche de tant de découvertes, fût enfin arrivé à connaître le secret que les autres n'ont pu trouver!

Pourquoi, dira-t-on, ne pourrait-on pas renverser le pape? Pourquoi ne pourrait-on pas détruire la papauté? Les rois et les empires les plus puissants ont bien été anéantis; de nos jours la papauté ne tient qu'à un fil : si on le coupe, tout sera fini.

Hélas! où n'arrive-t-on pas quand les passions occupent la place de la raison et du bon sens! La papauté ne tombe pas, parce qu'elle repose sur une base invisible, mais inébranlable, que la main de l'homme ne peut atteindre; le pape ne peut être renversé, parce qu'il est soutenu par une force invincible, et cette base et cette force ne sont autre chose que Jésus-Christ lui-même. Lorsqu'il a dit à Pierre : *Quand tu seras converti, raffermis tes frères* (1) dans la foi, Jésus-Christ connaissait la faiblesse de son disciple, il savait combien sa volonté était changeante : cependant Pierre n'a jamais manqué à sa mission, et jamais il n'y manquera, parce que l'esprit de Jésus-Christ le soutient, et la papauté reste toujours le pivot

(1) Luc, XXII, 32.

merveilleux autour duquel l'humanité accomplit sa course ici-bas.

Force qui relie toutes les forces de l'Église, le pape est aussi la véritable force des empires et des royaumes de la terre. Que de changements, que de bouleversements et de substitutions dans la forme de ces empires et de ces royaumes ! Que de catastrophes et de ruines ! Que de dynasties renversées les unes sur les autres ! Des guerres sans fin, des révolutions sanglantes, voilà l'histoire des gouvernements humains, dont l'origine plus ou moins vicieuse cachait le germe empoisonné de la corruption et des désordres sous lesquels ils furent ensevelis !

Rien de pareil dans la divine institution et dans la vie de la papauté ; elle a continué sa course sans interruption, maintenant encore elle marche, malgré les obstacles dont elle est entourée ; la parole de Jésus-Christ est infaillible, et son esprit n'abandonnera ni la papauté ni le pape. Il a dit à ses disciples *qu'il sera avec eux jusqu'à la consommation des siècles* (1) : pourrait-il quitter celui qu'il a établi lui-même guide et soutien de tous les autres ?

L'étranger qui visite à Rome la basilique de Saint-Paul, admire, au milieu des chefs-d'œuvre qu'elle renferme, la série des portraits de tous les souverains pontifes ; mais il ne pense pas peut-être à l'enseignement qui en ressort pour le chrétien : il ne considère pas que cette chaîne merveilleuse est la preuve de la succession non interrompue des papes et de la continuité du pouvoir qu'ils ont reçu de Jésus-Christ.

Cette parole de la vérité éternelle : *Je suis avec vous jusqu'à la consommation des siècles*, n'a jamais été démentie, et elle ne le sera jamais ; les portes de l'enfer, selon la divine promesse, ne prévaudront jamais contre celui que Jésus-Christ a établi pierre angulaire de tout l'édifice.

On peut opprimer le pape, on peut le

(1) Matth., XXVIII, 20.

chasser de Rome ; plus d'une fois, accablé par la violence de ses ennemis, il a dû quitter son siége; mais cet effacement momentané n'a affaibli les fondements ni de sa puissance ni de son autorité.

Là où est Pierre, là est l'Église; là où est le pape, là est aussi la papauté entourée de l'éclat divin que le souffle des révolutions ne peut ternir.

Un prince de la terre, renversé de son trône et privé de son sceptre, n'a plus ni autorité ni force ; le pape, privé de son trône et chassé du Vatican, est une force capable de remuer la société tout entière.

Il est dit dans les livres saints que la main de Dieu s'aggrava sur les Philistins pendant qu'ils tenaient captive l'arche du Seigneur ; il en est de même à l'égard de ceux qui voudraient retenir le pape captif. La paix du monde est attachée à la paix de l'Église ; tant que l'Eglise est persécutée et que la papauté souffre violence dans la personne auguste de son chef, la main de Dieu retombe appesantie sur les peuples et sur les États coupables de ses souffrances.

Que les gouvernements catholiques sont à plaindre en ce moment ! Au lieu de soutenir la papauté, qui est leur soutien, ils l'abandonnent ou ils la persécutent. Ils seront un jour contraints de recourir à elle, car ils ne pourront trouver ailleurs les moyens de résister à la révolution qui les écrase. Les principes immuables sur lesquels repose la papauté peuvent seuls donner aux princes les garanties d'ordre et de stabilité qu'ils ne possèdent plus. Le pape en effet n'agit pas comme les autres princes, en s'inspirant seulement des vues de la prudence et de la sagesse humaine, mais aussi des lumières de l'Esprit-Saint que Jésus-Christ lui a promises.

L'homme est toujours dans le pape, l'homme imparfait, l'homme faible et peccable ; mais, en vertu de la parole divine, il ne faiblit pas lorsqu'il s'agit de conserver le dépôt de la Révélation ; il est infaillible pour manifester au monde la vérité apportée par Jésus-Christ.

On demande aujourd'hui quel sera l'avenir de la papauté. Question inutile à laquelle les siècles ont répondu, et les puissants de la terre n'ignorent pas que leurs efforts n'auront point de prise sur la plus légitime et la plus inébranlable de toutes les institutions.

Ainsi, par sa légitimité, par sa puissance, par la sagesse surnaturelle qui dirige ses démarches, la papauté a été et sera toujours un instrument d'ordre, de paix et de véritable bonheur. Quelle prudence, en effet, dans sa conduite ! Quelle patience et quelle longanimité dans ses luttes ! Quelle fermeté et quelle énergie au milieu des persécutions ! Quelle modération dans ses victoires ! Quelle générosité envers les ennemis ! Quelle fidélité envers les amis ! Quelle sollicitude maternelle pour tous ! Et en même temps, où peut-on trouver plus de hardiesse dans les entreprises ? Elle sait que le monde lui appartient, et, avec un même intérêt et un même amour, elle embrasse tous les hommes.

Ceux qui exaltent Rome païenne, doivent

avouer que la grandeur de cette puissance belliqueuse et égoïste disparaît, pour ainsi dire, si on la compare à la grandeur de la papauté et à ses conquêtes pacifiques.

Comment pourrait-on ne pas reconnaître la supériorité et la fécondité de ses exploits, sa prodigalité inépuisable à soulager le malheur, son inébranlable constance à pardonner et à oublier l'ingratitude, et surtout, ce que Rome païenne ne pouvait pas même comprendre, sa générosité envers ceux qui sont tombés en voulant l'opprimer?

Ce qui est encore plus admirable, c'est que seule elle a eu le secret de savoir dominer les événements et les hommes, et de les faire servir à ses desseins, même dans les moments de sa plus grande faiblesse. Appuyée sur la divine promesse, elle n'a pas fléchi dans la persécution, et, dans ses triomphes, elle n'a jamais été aveuglée par l'orgueil. Maintenant encore, soutenue par le souffle divin qui anime sa vie au milieu des plus grandes épreuves, elle brille d'un éclat que rien ne peut éclipser, et elle continue sa marche sans qu'on puisse l'arrêter.

C'est pour cela qu'on la redoute, en même temps qu'on travaille à sa perte. Si on devait juger les choses d'après les vues restreintes de la politique humaine, on pourrait croire que la disparition de la papauté sera bientôt un fait accompli ; mais si nous les regardons des hauteurs de la foi, nous découvrons un immense horizon qui nous montre le champ fécond où la puissance de la papauté doit encore s'exercer.

Reconnaissons-le et ne craignons pas de le proclamer : la papauté n'est pas en danger, car Jésus-Christ la soutient. Si elle est opprimée, trahie et abandonnée par ceux-là mêmes qui ont le devoir de la défendre, elle trouve en elle-même la force de résister à tous ses ennemis, et, au milieu de l'impuissance des hommes, elle répand sur le monde la vie de résurrection que l'Esprit-Saint a déposée dans son sein. Nous le verrons, en considérant le pontificat merveilleux de Pie IX.

VIII

PIE IX.

Ce qui saisit le plus dans la situation actuelle de la papauté, c'est son état d'isolement. Il semble qu'une force occulte éloigne les rois et les peuples du vicaire de Jésus-Christ.

Comme le Fils de Dieu sur la croix du Calvaire, le pape, cloué maintenant sur sa croix du Vatican, est offert en spectacle au ciel et à la terre. Conspué par les uns, insulté par les autres, en butte à la fureur de l'enfer, seul, à l'exemple du divin Maître, il foule le pressoir de la souffrance.

C'est de ce pressoir que nous verrons

sortir le salut de la société chrétienne et celui de toute l'humanité, comme autrefois la rédemption du monde sortit du pressoir foulé par le divin Sauveur lui-même.

En contemplant l'auguste sérénité de ce nouveau crucifié, un doux pressentiment ne nous dit-il pas que bientôt Jésus-Christ hâtera le moment de la nouvelle résurrection préparée à l'Eglise par son Cœur adorable? Nous le croyons, et nous l'espérons d'autant plus que le pape n'a plus que la foi pour soutien. Saint Jean a dit que *la victoire qui triomphe du monde est notre foi* (1). Pouvons-nous douter que cette victoire ne soit accordée à la foi héroïque de Pie IX? Pouvons-nous ne pas espérer, qu'après avoir confondu les impies, fortifié les fidèles, cette foi victorieuse ne soit appelée à montrer au monde que la puissance du pape ne peut être vaincue, parce qu'elle est la puissance même de Jésus-Christ ?

(1) S. Jean, v, 4.

De qui devrions-nous espérer le salut si ce n'est du représentant de Celui à qui Dieu a dit de toute éternité : *Je t'ai établi sur les nations et sur les royaumes pour arracher et pour détruire, pour perdre et pour dissiper, pour édifier et pour planter* (1).

Jetons un coup d'œil sur le pontificat de Pie IX et nous verrons combien nos espérances sont fondées, nous comprendrons encore mieux la mission providentielle de la papauté au XIXe siècle ; en voyant de quelle manière ce grand pontife, au milieu de sa faiblesse, a su arracher et détruire, perdre et dissiper, édifier et planter, nous serons, je n'en doute pas, de plus en plus convaincus que le triomphe de l'Eglise ne tardera pas à arriver.

Au moment où Pie IX monta sur la chaire de Pierre, une révolution habilement et activement préparée menaçait l'Italie et surtout les États de l'Église. L'élection du cardinal Mastaï, aussi imprévue que subite, fit

(1) Jér., I, 10.

suspendre le mouvement prêt à éclater, sans cependant l'arrêter.

Monté sur le trône au milieu de cette effervescence révolutionnaire mal contenue, entouré de toutes sortes d'obstacles et approché par des hommes dont la fidélité était loin d'être sûre, Pie IX apparut comme un signe de contradiction pour la ruine et pour la résurrection de plusieurs; il reçut la croix qu'il a su porter avec tant de courage et qui a rendu son règne à la fois si exceptionnel et si glorieux.

Le mauvais vouloir des partis ne tarda pas à se montrer; aux manœuvres des habiles qui voulaient faire tomber le nouveau pontife dans leurs piéges, succéda l'agitation des masses et la révolution devint plus furieuse que jamais. On comptait sur la faiblesse de l'homme ; mais on trouva en Pie IX la puissance du pontife, la fermeté inébranlable du sacerdoce qui déjoue la ruse et ne cède pas à la violence. Cette résistance fit éclater le mouvement depuis longtemps préparé.

La révolution, qui avait obligé le suprême pasteur à chercher son salut dans la fuite, ne fut pas de longue durée. Comprimée et écrasée par ceux-là mêmes qui l'avaient peut-être encouragée de loin, elle fut bientôt vaincue; l'auguste exilé remonta sur son trône aux acclamations de Rome et du monde catholique.

Quoique étouffé, l'esprit de révolte vivait toujours et les prétextes politiques ne manquaient pas pour que l'incendie fût allumé de nouveau. Le pontife avait besoin des plus grands ménagements à l'égard des ennemis aussi bien qu'à l'égard des amis. Roi, il lui fallait de la prudence; pontife, il lui fallait du courage, car la foi réclamait de lui les actes énergiques nécessaires au triomphe de la vérité.

Le pasteur vigilant ne pouvait hésiter. Fidèle aux enseignements de son divin Maître, et soutenu par la foi, Pie IX ne se laissa pas entraîner dans les voies tortueuses de la prudence humaine; mais, se lançant dans les voies de Dieu avec l'élan le plus énergique et le dévouement le plus pur, il proclama le dogme de la Conception immaculée de Marie.

Cet acte d'autorité fut le premier coup porté à la révolte religieuse, et l'esprit du mal, se sentit sous le pied de celle qui a reçu le pouvoir et la mission de lui écraser la tête. Dieu, qui avait lui-même inspiré et dirigé son élu, fit voir que ce grand acte était l'œuvre de sa pensée, car au milieu du frémissement de l'enfer, la paix de l'Église ne fut troublée aucune part, et dans l'univers catholique, à l'étonnement du premier instant succéda l'adhésion la plus complète.

L'épiscopat, le clergé et les fidèles applaudirent à l'énergie du pontife, car ils avaient compris que le grand acte qu'il venait d'accomplir était un bienfait de la bonté divine, un gage de réconciliation entre la terre et le ciel, une preuve consolante de la protection que Jésus-Christ accordait à son Église.

Il faut être volontairement aveugle pour ne pas voir les effets d'une providence toute particulière dans la marche des événements qui se sont succédé autour du chef de l'Église depuis que le dogme de l'Immaculée Conception de Marie a été solennellement défini.

D'un côté, la révolution a multiplié ses efforts pour arrêter la papauté et anéantir l'autorité morale du pape; de l'autre, Dieu a montré par les signes les plus manifestes qu'en livrant Pie IX à la fureur de ses ennemis, il voulait faire éclater la foi de son fidèle serviteur, mais qu'il ne l'avait pas abandonné. Voilà pourquoi il laisse se renouveler dans la personne de son vicaire quelque chose des scènes de la Passion de Jésus-Christ. N'est-il pas, lui aussi, revêtu d'un morceau de pourpre en lambeaux? Comme le Christ, n'a-t-il pas, lui aussi, la couronne d'épines sur le front? Avec le cynisme le plus amer ne dit-on pas à ce vieillard vénéré : Salut, ô roi! en lui donnant des soufflets? N'est-ce pas pour l'insulter et pour le frapper qu'on s'incline devant lui, comme les Juifs s'inclinaient devant le Christ? On l'appelle pasteur et on lui enlève le troupeau, souverain et on lui ôte le pouvoir, pontife et on fixe des bornes à ses droits sur les âmes; on entrave ses actes, on supprime ses décrets, on lui arrache chaque jour les derniers restes d'une suprématie traitée d'éphémère et que l'on voudrait croire sur le point de disparaître.

Et cependant, elle ne disparaît pas! La parole divine lui est une forteresse inexpugnable contre toutes les attaques de l'ennemi. La tendresse maternelle de Marie veille sur elle, et sa protection ne manquera pas à celui qui a proclamé ses grandeurs et son privilége incomparable.

La force surnaturelle, l'énergie avec laquelle Pie IX a lutté, lutte encore contre les événements et contre les hommes, la sagesse qui a présidé à tous ses actes dans le gouvernement de l'Église, sa constance à défendre et à revendiquer ses droits, son infatigable activité à soutenir les fidèles, sa fer-

de la foi, animé du feu de la charité, protégé par Marie, il a combattu et il combat. Pouvons-nous douter du triomphe de la papauté?

L'assurance du triomphe n'exclut pas les dangers et les difficultés de la lutte. Les temps sont difficiles; mais, loin de nous abattre, le péril social ne nous persuade-t-il pas encore plus fortement que les assises solennelles de l'Eglise, convoquées par le vicaire de Jésus-Christ, ont été le moyen le plus efficace pour rétablir la société chrétienne sur sa base?

Au point où l'esprit de révolte était arrivé, et au milieu des convulsions qui agitent la société, l'Eglise devait parler. Deux grandes tâches lui étaient imposées : éclairer d'abord les hommes sur le péril auquel ils étaient exposés, leur rappeler ensuite les devoirs dont l'accomplissement est indispensable à qui veut marcher sur le chemin de la vérité et de la justice.

Cette double tâche, nous l'espérons, sera

accomplie par le concile. Malgré les contradictions si habilement soulevées par l'orgueil, malgré les mille difficultés dont l'Église est entourée, malgré la position si précaire de son chef, malgré enfin les circonstances politiques de l'Europe prête à subir de nouvelles et plus terribles commotions, la grande œuvre inspirée par le Saint-Esprit et momentanément arrêtée sera fidèlement et glorieusement achevée.

Nous le savons, quels que soient les perturbations et les bouleversements politiques, l'Église ne les redoute pas. Du haut de la sainte montagne où Dieu l'a établie, elle regarde les orages se former au-dessous d'elle ; de son œil vigilant elle les suit, et elle les voit se dissiper. Les ravages produits par leur violence ne l'atteignent pas, et, sans se laisser jamais dominer, elle les fait servir à son profit. Ses actes s'accomplissent dans le calme, ses délibérations ne connaissent ni la la précipitation ni l'inquiétude; les vicissitudes de la société civile n'ont aucun pouvoir sur elle ; ses arrêts ne changent pas lorsqu'il est question de la foi. Gardienne vigilante du dépôt que le Christ lui a confié, lorsqu'elle se voit menacée, elle s'élève dans toute la puissance de la vertu divine qui l'anime, et elle frappe d'anathème ceux qui prétendent la blesser.

L'histoire des conciles, à dater du temps des apôtres, proclame ce grand miracle de l'action de l'Esprit-Saint, sans qu'il soit nécessaire d'insister plus longuement sur ce point. Mais ce que nous ne pouvons omettre de signaler à l'attention des esprits éclairés, c'est l'accord, c'est l'union merveilleuse qui s'est faite dans l'épiscopat catholique pour accepter et prêcher la plus énergique de toutes les affirmations du principe d'autorité : le dogme de l'infaillibilité de Pierre. Avertis et poussés par un instinct surnaturel, les gardiens d'Israël se sont resserrés autour de la chaire de Pierre; ils ont dit: Malheur à celui qui osera porter une main sacrilége sur l'arche sainte du Seigneur! et ils ont redoublé d'activité et de vigilance.

Ah! veillez, pasteurs d'Israël, formez une barrière infranchissable autour de celui qui, le premier, vous a donné l'exemple de la foi et du courage le plus héroïque; soyez un mur de fer en face des ennemis de la vérité; combattez et résistez, la victoire est à vous. Car c'est par vous que le Christ et l'Eglise ont remporté leurs victoires, et c'est par votre divin sacerdoce que de tout temps la vérité a été raffermie et les efforts de l'esprit du mal brisés.

Et ils le seront de nos jours: car le concile du Vatican est l'affirmation la plus complète de la vérité en face de la dissolution morale qui envahit le monde. Ses actes montreront au monde entier ce que peut la force vivifiante de l'Église et sauveront, non-seulement ceux qui la regardent comme l'arche du salut, mais ceux-là aussi qui, dans leur aveuglement insensé, se sont faits les instruments des souffrances de son chef.

IX

LE SACERDOCE.

Jésus-Christ lui-même a défini la mission du sacerdoce, lorsque du haut de la montagne il a dit à ses disciples : *Vous êtes le sel de la terre, vous êtes la lumière du monde* (1). Instruire et éclairer les hommes, c'est ce que le prêtre doit faire, c'est ce que Jésus-Christ lui commande.

Principe éternel de la lumière, lumière de lumière, selon l'admirable expression de l'Église, le Verbe n'a jamais cessé de verser sur le monde les flots de cette divine et iné-

(1) Matth., v, 13, 14.

puisable clarté, qui vivifie et féconde l'humanité. Aujourd'hui, comme toujours, elle jaillit pure de la même source, et si les ténèbres répandues sur la terre par l'esprit de mensonge ont pu tant soit peu la voiler, jamais elles ne pourront l'éteindre.

A l'approche des grands renouvellements, de ces magnifiques reproductions de l'acte créateur qui changent, pour ainsi dire, la face de la terre, de nouveaux épanchements ont lieu, et le Verbe manifeste son action en imprimant une nouvelle existence à l'humanité, qui se transforme et se perfectionne sous le souffle de sa toute-puissance.

Le Verbe incarné, en quittant la terre régénérée par la vertu de son sang, confia sa puissance infinie au sacerdoce. Maintenant c'est par le sacerdoce qu'il se manifeste; quand il veut répandre ses bienfaits sur les hommes, c'est au sacerdoce qu'il en confie la mission.

Éternel dans le Christ et image de Dieu sur la terre, le sacerdoce est la lumière du monde; l'humanité ne peut vivre sans lui. Le jour où il aura disparu, la vie du monde cessera: car il n'y aura plus le Christ qui a voulu se servir du sacerdoce comme d'intermédiaire pour vivre en nous, nous faire vivre en lui, continuer l'œuvre de sa divine médiation et compléter son triomphe sur Satan.

Placé par sa divine vocation entre l'infini et le fini, le sacerdoce est un trait d'union qui rattache l'homme à Dieu, le pont mystique qui réunit la terre au ciel. Saint Jean appelle *anges* les évêques des Églises(1), pour montrer la sublimité et la sainteté de leur état. Ce nom ne convient pas seulement aux évêques, il convient aussi à tous les prêtres établis par Jésus-Christ ministres de paix dans la personne des apôtres.

Malheur au prêtre qui s'en rend indigne! Le prêtre qui ne veut pas rester un ange, finira par devenir un démon!

(1) *Apoc.*, I, 20.

Les anges sont appelés « esprits de lumière » à cause de l'étendue et de la profondeur de leur science ; les prêtres aussi doivent être dignes de ce nom par la pureté et la solidité de leur doctrine. Sans cela, ils n'exerceront jamais une véritable influence sur la société ; ils ne seront pas respectés et ils n'auront pas la force de combattre l'erreur.

Le Saint-Esprit a dit que *la science* (1) *sort de la bouche de Dieu*, il faut qu'elle dérive de la source même où les anges ne cessent jamais de la puiser ; il faut que le prêtre puisse dire avec Jésus-Christ : *Ma doctrine n'est pas ma doctrine, mais la doctrine de celui qui m'a envoyé* (2). Cette condition est indispensable et essentielle.

Que le clergé se tienne donc sur ses gardes et écoute cet avis de S. Paul : *Ne vous laissez pas emporter à des doctrines diverses et étrangères* (3).

(1) *Proverb.*, II, 6.
(2) S. Jean, VII, 6.
(3) *Hébr.*, XIII, 9.

L'erreur a des attraits et des séductions auxquels il est difficile de résister; elle a le secret de la forme qui charme; mais le serpent est-il moins à craindre parce qu'il s'est caché sous les fleurs les plus variées et les plus belles? S'ils ne veulent devenir ses victimes, les jeunes prêtres spécialement doivent suivre le précepte de l'Apôtre, fuir les nouveautés dangereuses (1) et tout ce qui éloigne le cœur de la piété. Loin donc de leurs écrits ces parures mensongères qui couvrent souvent une science aussi vide qu'affectée; loin d'eux cette éloquence retentissante et creuse, dont le bruit empêche les âmes de reconnaître et de goûter la parole de Jésus-Christ. C'est l'éloquence mâle et solide qu'il nous faut dans la chaire; l'éloquence des Basile, des Chrysostome, des Léon, des Grégoire, des Augustin, des Ambroise; l'éloquence du cœur qui répand la consolation, l'espérance dans les cœurs aigris;

(1) *I à Timothée*, VI, 20.

il nous faut la parole de Dieu, vivante et efficace, et plus pénétrante qu'une épée à deux tranchants qui entre et qui atteint jusqu'à la division de l'âme et de l'esprit(1). En un mot, pour remuer les consciences paralysées, il nous faut la secousse électrique de la divine charité !

Un jour viendra, disait S. Paul à son fidèle Timothée, *que les hommes ne supporteront pas la saine doctrine, et qu'ils multiplieront au gré de leurs désirs les maîtres qui flatteront leur orgueil, et ils fermeront l'oreille à la vérité et l'ouvriront à des fables* (2).

Hélas! ce jour ne s'est-il pas renouvelé pour nous aussi? Quels obscurcissements dans les intelligences! La presse impie et le roman ont noyé les âmes dans les eaux empoisonnées de l'incrédulité. Ce n'est donc pas le mal qu'il faut découvrir; c'est le re-

(1) *Aux Hébr.*, IV, 12.
(2) *II à Tim.*, IV, 3.

mède qu'il faut appliquer. Pour triompher de la mort, il faut la vie, il faut une résurrection.

C'est le miracle d'une résurrection à la fois religieuse, intellectuelle et morale que le sacerdoce doit opérer. De quelles lumières, dès lors, n'a-t-il pas besoin ? De quelle activité, de quel courage et de quelle patience !... Mais Jésus-Christ lui a dit : *Je suis avec vous jusqu'à la consommation des siècles* (1) ; il ne doit donc pas se décourager : car tout lui sera donné, s'il reste soumis de cœur et d'esprit à l'Église et à son chef infaillible.

Cette soumission est la condition essentielle à la vitalité et à la fecondité du sacerdoce ; le prêtre qui prétend s'en affranchir, perd sa route, comme le pilote sans boussole au milieu de l'Océan, et il périt s'il ne rentre pas dans le port. Tous les siècles ont vu de ces naufrages, nous-mêmes n'en avons-nous pas des exemples sous les yeux ? C'est un

(1) Matth., XXVIII, 20.

malheur, mais qui ne doit pas nous abattre ni nous décourager. Si une poignée d'orgueilleux, aveuglés par leur propre sagesse, *se sont évanouis dans leurs pensées, et sont devenus insensés*, selon la parole si expressive de S. Paul (4), le clergé catholique a montré à l'univers qu'il sait souffrir plutôt que de manquer à la soumission qu'il doit à l'Église.

Devant la véritable sagesse de l'épiscopat, énergiquement, inébranlablement et glorieusement uni pour résister aux empiétements de l'esprit du mal, les illusions de ces pauvres naufragés seront bientôt dissipées, et ils deviendront, il ne faut pas en douter, le jouet de ceux-là mêmes qui les ont flattés pour les faire servir à des convoitises criminelles. La stérilité de leurs efforts se manifeste déjà, et, au fur et à mesure que la confusion augmentera dans leurs rangs, leur faiblesse deviendra encore plus visible. Nous sommes

(1) *Rom.*, I, 21, 22.

avertis par le Saint-Esprit que *la saine doctrine attire la grâce* (1). Cette grâce, on a tout motif de le croire, sera accordée avec abondance à l'épiscopat catholique, dont la doctrine est si pure et la conduite si admirable. Elle sera accordée aussi au clergé tout entier, s'il obéit à la voix de ses pasteurs, s'il suit leur doctrine et s'il imite leur exemple. *Dieu est fidèle* (2), soyons-le à notre tour, et, par la sainteté de notre vie, prouvons aux hommes que la vérité est avec nous.

Jésus-Christ disait à ses disciples : *Que votre lumière luise devant les hommes, afin qu'ils voient vos bonnes œuvres* (3). Il ne suffit donc pas que le prêtre soit instruit, il doit aussi, et avant tout, être pur, dévoué, exemplaire, saint ; il faut qu'il attire par la bonne odeur de ses vertus; il faut qu'il reproduise Jésus-Christ en lui-même pour pouvoir le communiquer aux autres. Le miroir qui n'est pas sans tache, reflète les

(1) *Prov*,. XIII, 15. — (2) *I Cor.*, I, 9. — (3) Matth. V, 16.

objets d'une manière imparfaite et difforme; le prêtre dont la doctrine n'est pas accompagnée par la pureté et par la sainteté de la vie, ne reflétera la lumière de la vérité que d'une manière imparfaite, et les hommes ne seront pas suffisamment éclairés. En disant à ses disciples : *Soyez parfaits*, Jésus-Christ n'a-t-il pas eu soin d'ajouter : *Apprenez de moi que je suis doux et humble de cœur* (1)? La douceur et l'humilité, vertus particulièrement chères au Cœur de Jésus, doivent être aussi les vertus par lesquelles se feront reconnaître ceux qui sont appelés à manifester aux hommes les miséricordes de ce Cœur adorable.

La pratique fidèle de ces vertus formera le secret de la grandeur et de l'influence du sacerdoce dans ce siècle, et, plus encore, dans celui qui doit le suivre. La douceur exempte de faiblesse, et l'humilité qui ne connaît pas l'abaissement, sont les ailes qui

(1) Matth., XI, 29.

soutiendront le prêtre catholique au-dessus des bassesses auxquelles l'orgueil a fait descendre notre pauvre société. Il faut des François de Sales pour attirer, pour convaincre et pour convertir les âmes ; il faut des hommes doux, charitables, compatissants, et en même temps énergiques et inébranlables, comme le grand évêque de Genève.

Où puiserons-nous ces vertus? Dans le Cœur même de Jésus-Christ. S. Jean fut le plus courageux des apôtres; seul de tous les disciples, il monta sur le Calvaire; seul il resta debout sous la Croix, et il eut seul le privilége d'écouter les dernières paroles, de recueillir les derniers soupirs du Cœur de Jésus; son courage aurait peut-être faibli et son dévouement n'aurait pas été à la hauteur de l'épreuve, si la force qui le soutenait n'eût pas été le rayonnement de l'amour qu'il avait puisé dans le Cœur même de Jésus.

Dans la lutte qui se prépare, le sacerdoce catholique n'aura pas la force dont il a besoin, il ne résistera pas à l'épreuve comme il le doit, s'il ne repose sur le Cœur de Jésus-Christ, et si la charité n'est pas le mobile de ses actions. C'est l'amour puisé dans le Cœur de Jésus qui doit le soutenir, l'inspirer, lui procurer la gloire du triomphe sur les hommes et sur l'enfer.

Mais l'amour a besoin de la liberté pour vivre, pour se développer et pour agir ; ce qui veut dire que le prêtre doit être libre de toutes les affections qui empêchent la flamme de la charité de pénétrer dans son cœur. Faute de cela, il n'aura pas l'énergie du dévouement, et il sera infidèle à sa mission.

Pour combattre l'égoïsme, il faut être généreux ; pour terrasser l'amour excessif des biens de la terre, il faut s'en dépouiller ; pour vaincre Satan, il faut être nu, selon la parole de S. Grégoire le Grand, c'est-à-dire détaché de toutes choses et de soi-même.

La spoliation du clergé a été un crime, dont Dieu saura se venger et d'où il fera ressortir sa gloire ; car il a dit : *La vengeance est à moi, et c'est moi qui la ferai*(1). Il est vrai, les mystères de sa justice et de sa miséricorde ne peuvent pas être sondés par notre faiblesse ; cependant, tout en laissant à chacun la responsabilité qui lui revient, ne pourrait-on pas se demander si la spoliation subie par le clergé n'a pas été permise dans un but providentiel ?

Le sacerdoce a une double mission ; par sa doctrine et par sa vertu, il doit d'abord relever la société des ruines que l'esprit de négation a entassées sur elle : il doit ensuite opérer la réunion religieuse de tous les peuples, pour qu'il n'y ait plus qu'un seul troupeau et un seul pasteur. A cette grande tâche, n'a-t-il pas toujours fourni de laborieux ouvriers, ce clergé régulier que l'Europe repousse de son sein ? Nous n'hésitons pas à l'affirmer, et nous sommes convaincus que les Ordres religieux, véritable milice du Saint-Esprit par leur sublime vocation, sont appelés

(1) *Deut.*, XXXII, 35.

à préparer le triomphe de l'apostolat catholique dans les pays où la vérité a toujours trouvé l'opposition la plus opiniâtre.

Arrosée de leurs sueurs, et, s'il le faut, de leur sang, la semence de la parole de vie portera bientôt des fruits abondants dans les régions les plus reculées, et l'orage qui nous disperse ne servira qu'à nous donner une nouvelle impulsion et à prouver encore une fois que les œuvres de Dieu ne peuvent pas être détruites par les hommes.

Afin que ce résultat nous soit accordé, une sainte émulation de sacrifice doit nous animer; plus que jamais, le clergé séculier et les ordres religieux doivent s'entr'aider pour faire comprendre au monde que l'œuvre de l'évangélisation et de l'union des peuples est un privilége du sacerdoce catholique. Les prêtres schismatiques et les pasteurs protestants ont beau faire, ils se débattront toujours dans des efforts impuissants et stériles. Malgré les immenses moyens dont ils peuvent disposer, malgré l'appui des gouvernements et l'influence de la diplomatie, ils n'arriveront jamais à opérer les prodiges que les prêtres catholiques ont toujours opérés malgré leur isolement et bien souvent leur abandon et leur détresse. C'est que ces derniers ont dans leur cœur la séve qui produit les martyrs.

Impliqués dans les embarras de famille et dans les soucis des intérêts matériels, les prêtres schismatiques et les pasteurs protestants ont le cœur partagé, ils n'ont pas l'élan du dévouement et ils manquent de cette liberté d'action sans laquelle les œuvres de l'apostolat n'ont pas de vie; ils ne comprennent pas les charmes de l'esprit de sacrifice, et jamais ils ne pourront trouver en eux-mêmes la force vivifiante du célibat catholique.

L'impuissance du protestantisme éclate non-seulement dans les œuvres de l'apostolat, mais aussi en face des progrès de la libre pensée; ayant rejeté le principe d'autorité, nécessairement et logiquement il sera entraîné dans les abîmes de la négation par la force du libre examen.

Nous le voyons déjà condamné à une stérilité et à des contradictions qui ne peuvent qu'augmenter chaque jour davantage. Divisé, subdivisé, morcelé en mille sectes qui se combattent réciproquement, il ne tire plus sa force que de la protection et de l'appui que lui prodiguent les gouvernements intéressés à le soutenir. Le jour où cet appui et cette protection lui manqueront, il ne trouvera plus en lui-même les éléments de vie indispensables à son existence : il sera dissous, et, de ses restes, sortiront ou des catholiques ou des athées.

Le temps n'est peut-être pas éloigné où ce grand partage aura lieu, surtout là où la pression du gouvernement est moins forte. Les protestants au cœur droit qui cherchent le royaume de Dieu sur la terre, c'est-à-dire ceux qui ont conservé la foi dans le Christ, demanderont à l'Église catholique les consolations dont ils ont besoin ; ceux, au contraire, qui l'ont renié, lui déclareront une guerre plus furieuse et plus acharnée que jamais.

C'est dans ce combat que la force unitive de l'Église éclatera d'une manière prodigieuse. C'est après avoir triomphé des efforts combinés de l'incrédulité, de l'hérésie et du schisme que, soutenue et fortifiée par la puissance de Jésus-Christ, comme un aimant irrésistible, elle attirera dans son sein ceux qui la méconnaissent ou la persécutent.

Ce grand retour aura lieu, car Jésus-Christ l'a prédit; mais loin de nous la prétention de l'annoncer comme devant prochainement s'accomplir. Notre-Seigneur a dit : *Ce n'est pas à vous de connaître les temps ou les moments que le Père a disposés dans sa puissance* (1).

Cependant, quelles que soient les opinions qu'on puisse avoir à ce sujet, il vaut bien la peine de nous rappeler qu'avant la fin des temps une grande unité devra s'accomplir. *Il n'y aura plus qu'un seul troupeau et qu'un seul Pasteur* (2), et, pour cela,

(1) *Act.*, I, 7. — (2) S. Jean, X, 16.

l'Idolâtrie, l'Islamisme et le Judaïsme doivent être vaincus.

La puissance divine, qui domine le mouvement rénovateur de notre époque, a déjà frappé l'idolâtrie dans les pays où elle s'était retranchée et où elle espérait régner toujours en maîtresse. La grande muraille de la Chine est tombée, et cet immense pays a été forcé de sortir de son isolement vingt fois séculaire. Le Japon, avide de vérité et de science, ouvre ses portes, si soigneusement fermées à l'influence de l'Europe. L'Inde est envahie par de zélés missionnaires. Pendant que la croix étend ses bras protecteurs sur l'Océanie, les déserts de l'Afrique, jusqu'à présent inaccessibles, ont déjà entendu retentir la parole de la résurrection, et leurs immenses solitudes ont tressailli d'espérance.

Il faut être aveugle pour ne pas voir l'action de Dieu dans cette agitation salutaire qui remue toutes les nations de la terre; pour ne pas reconnaître que c'est la charité du Christ qui nous pousse comme malgré nous

Qui peut détruire la puissance de Satan, si ce n'est Celui qui a prononcé le *fiat* créateur? si ce n'est le Verbe Incarné qui a donné au sacerdoce le pouvoir d'ouvrir les portes du ciel, de renverser les idoles et de briser les chaînes de l'esclavage, le signe de Satan et la preuve de son empire sur les hommes? Allez donc, ministres de consolation et de paix, missionnaires du Christ, instruments bénis de la liberté, de l'égalité, de la divine fraternité qui découlent de la croix; allez au milieu des pauvres, des délaissés de la dernière heure, et dites-leur que le Cœur de Jésus les attend!

Celui qui a multiplié les pains dans le désert, fécondé le sou d'une pauvre servante pour former l'œuvre admirable de la propagation de la foi, est avec vous; il bénit votre apostolat, et, par la vertu de sa grâce, il cimente l'œuvre de l'unité des peuples qui doit compléter son triomphe.

L'Islamisme se débat dans des efforts suprêmes; harcelé, pressé, étouffé par la Russie qui ne lui donne ni trêve ni repos, il succombe déjà ; son impuissance est chaque jour plus visible : la force qui l'a soutenu et qui l'a fait vivre jusqu'à présent l'abandonne, le Coran est devenu presque lettre morte, ses prescriptions ont perdu de leur vigueur, leur autorité n'est plus que factice ! !...

Le sultan de Constantinople, le kan de Perse lui-même ont foulé aux pieds l'Islamisme ; ils ont franchi ses barrières, et, au centre même de l'Europe, ils sont venus s'inoculer l'esprit de civilisation qui prépare les voies à la charité et à la divine lumière de l'Evangile.

Cette tâche est peut-être réservée à la Russie ; mais pour cela l'Eglise grecque, afin d'acquérir l'activité qu'elle n'a pas, doit abandonner l'esprit d'antagonisme à l'égard de Rome, cet esprit qui, depuis tant de siècles, soumet son clergé au bon plaisir des tzars ; elle doit se rallier à l'unité catholique romaine.

Plus tenace, plus profondément enraciné,

et partant plus difficile à extirper, le Judaïsme restera dernier dans la lutte. Une puissance occulte, la malédiction divine, le soutient. Mais la brèche commence à se faire, surtout dans les classes les plus riches et les plus instruites que le rationalisme a attaquées.

Le jour où, privé des ressources que lui fournit encore la loi mosaïque, ce peuple rebelle n'aura plus pour vivre que la nourriture immonde présentée par la libre pensée, le jour où cet enfant prodigue, insensible aux avis et aux supplications du plus tendre des pères, n'aura plus que le désespoir de l'impiété, il ouvrira les yeux et il reviendra au toit paternel pour se jeter dans les bras de Jésus-Christ.

C'est le Cœur de Jésus lui-même qui le retirera de cet abîme. Ce sera une véritable résurrection, ainsi que saint Paul l'a annoncé aux Romains : *le jour où la plénitude des nations, sera entrée dans l'Église, tout Israël sera sauvé : car il sortira de Sion un libérateur qui bannira l'impiété de Ja-*

cob(1). Quel sera-t-il ce libérateur, qui sortira de Sion, si ce n'est Jésus-Christ lui-même ? si ce n'est le Roi de la Jérusalem éternelle ? Quel sera-t-il ce nouveau Gédéon, si ce n'est le triomphateur de la mort, qui n'a pas besoin de s'appuyer sur la puissance des armées, mais qui triomphe par la toute-puissance de l'amour divin, par la vertu de la charité rayonnant de son Cœur? Le véritable Josué peut seul introduire les peuples dans la terre de promission ; mais il ne veut pas être seul, il veut être aidé par les guerriers qu'il a lui-même choisis. La grande œuvre de la réunion des peuples, couronnement merveilleux de la Création et de la Rédemption, a fait des progrès extraordinaires; mais c'est au sacerdoce de la rendre parfaite ! ! !

Pour y arriver, il faut qu'il s'y prépare, il faut qu'il s'aguerrisse. A la science et aux vertus indispensables à l'accomplissement d'une mission si sublime, Jésus-Christ lui prescrit d'ajouter encore deux moyens infail-

(1) Rom. XI, 25.

libles : la vigilance et la prière. Le triomphe sur l'esprit du mal doit être avant tout l'œuvre de la vigilance et de la prière ; il ne faut pas s'endormir, car c'est pendant la nuit que l'ennemi sème l'ivraie dans le champ du Maître (1). Debout donc, prêtres de Jésus-Christ, l'ennemi est toujours en éveil. Un évêque s'est écrié, il y a quelque temps, en s'adressant à ses confrères dans l'épiscopat : « C'est à vous surtout, pasteurs des peuples et gardiens de la foi, qu'il appartient de redoubler de vigilance pour garder le dépôt et protéger les âmes ; à vous de voir venir les périls, de repousser les attaques manifestes et avancées ou cachées et profondes. Notre-Seigneur nous a avertis que c'est pendant la nuit et le sommeil que l'ennemi sème l'ivraie dans le champ. A nous donc de veiller toujours, toujours. Notre vie n'est qu'une longue veille (2). »

(1) Matth., XIII, 25.
(2) Mgr DUPANLOUP. *Lettre à un de ses collègues sur l'éducation des jeunes filles proposée par M. Duruy.*

Que la vie du sacerdoce ne soit donc dorénavant qu'une longue veille soutenue et appuyée par la prière. C'est le Christ lui-même qui nous le commande, non-seulement par la parole, mais aussi par l'exemple. Avant d'entreprendre l'œuvre de la médiation, *il se retira dans le désert pour prier*; il pria dans le jardin des Olives au moment où il allait l'accomplir; il veilla, il pria dans la souffrance et dans les larmes, pour nous apprendre que notre prière aussi doit être fécondée par les larmes du cœur, c'est-à-dire par la mortification et par la souffrance.

Ananie était en prière quand Dieu le choisit pour rendre la vue au grand persécuteur Saul, que sa miséricorde avait aveuglé et terrassé sur la route de Damas.

Notre pauvre société marche maintenant contre le Christ; le jour où elle aura été terrassée et aveuglée par les coups de la justice et de la miséricorde divine, il faudra des Ananies pour lui rendre la vue, pour la bénir et pour lui montrer le chemin de la prospérité et du bonheur.

Malheur au sacerdoce, s'il se laisse surprendre par une coupable négligence, ou s'il met dans les hommes la confiance qu'il ne doit placer qu'en Dieu seul ! Qu'il ne l'oublie pas ; la double mission de l'apostolat et de la médiation à laquelle il est appelé, exige des vertus fortes, et ces vertus ne s'acquièrent qu'au prix des plus grands sacrifices. Le royaume du prêtre n'est pas de ce monde. Sa mission est divine ; il doit régner sur les cœurs par les sentiments de la confiance, de la tendresse, du dévouement, de l'amour. Ses désirs, ses pensées, doivent s'élever plus haut que la terre : ils doivent planer dans les cieux pour chercher la force dans le cœur même de Dieu.

L'heure est arrivée pour le sacerdoce de se presser autour de Jésus-Christ qui paraît sommeiller, de crier vers lui, et de se mettre sous l'étendard que son Cœur a déployé sur la terre. La victoire sera le fruit de la divine charité de ce Cœur qui transforme et renouvelle la société en la purifiant. C'est ce qui nous reste à voir.

X

LE CŒUR DE JÉSUS.

Dans les créatures animées le cœur est le centre et le foyer de la vie. C'est par le premier battement du cœur qu'elle commence, et elle finit quand le dernier battement a cessé. Le Cœur de Jésus-Christ, Verbe incarné, est le centre et le foyer de la vie de l'univers, et au ciel il n'y aura plus qu'une seule vie en Dieu, celle du Cœur de Jésus glorifié, dans lequel la vie des bienheureux ne sera qu'un acte d'amour éternel.

Cette vie d'amour commence sur la terre, quoique d'une manière imparfaite, par l'exercice de la vertu. Plus elle est répandue dans une société, plus cette société est paisible, tranquille et honnête. L'amour ordonné porte l'homme facilement à la pratique du bien, et par la pratique du bien les mauvais instincts de la nature cèdent aussi plus facilement à l'action de la grâce.

Pourquoi sommes-nous maintenant si malheureux? Pourquoi la société est-elle maintenant si inquiète et si agitée? C'est que la charité ne vit pas dans les cœurs! On ne connaît pas la vie d'amour, on vit dans la défiance et dans la haine.

C'est pour ramener l'étincelle de cet amour, que le Cœur de Jésus a voulu se révéler aux hommes d'une manière plus sensible; c'est pour nous tirer des ténèbres de la mort, dont nous sommes enveloppés, qu'il a demandé à être honoré d'un culte spécial. La vie nous abandonne, c'est pour nous la rendre qu'il veut se faire lui-même notre chef, notre soutien, notre vie.

Où les trouverions-nous, cette vie, cette force, cette charité, si ce n'est dans le Cœur divin de Jésus-Christ, qui est le signe extérieur et visible de l'amour dont Dieu nous a aimés de toute éternité; de cet amour qui nous a donné l'être, nous le conserve, et seul peut nous donner la paix et le bonheur.

Dans l'Église, l'action du Cœur de Jésus a été révélée par d'innombrables prodiges, mais surtout par la vie et par les œuvres des saints. Il serait du plus grand intérêt d'étudier et de connaître les phases de son développement; on arriverait ainsi à comprendre l'activité des apôtres et le courage des martyrs des premiers siècles; on se rendrait compte des miracles accomplis par le dévouement des âmes si nombreuses qui ont illustré de tout temps l'Église; on verrait d'où sont parties les œuvres admirables du mendiant d'Assise et la fécondité de sa pauvreté; on ne serait pas étonné des conversions opérées par François Xavier; on n'aurait pas besoin de se demander où Thérèse de Jésus a puisé sa science et son activité infatigable. On saurait par là ce que peut l'homme par la puissance de l'amour, et ce que peut sa volonté transfigurée, surnaturalisée par le Cœur de Jésus. Mais nous devons borner notre tâche à constater les effets de l'action de ce divin cœur sur le monde, depuis que Jésus-Christ lui-même a voulu le faire honorer d'un culte spécial.

On a dit et répété que la dévotion au Cœur de Jésus-Christ était une invention audacieuse au service d'un parti. — Il faudrait être bien aveuglé par les préjugés et par la passion pour admettre une telle supposition que tous les faits historiques détruisent victorieusement.

Jésus-Christ n'a besoin de personne pour accomplir les œuvres de sa miséricorde, il n'a pas recours aux manœuvres ni aux subterfuges des partis. Il se passe de l'appui des grands, il se rit des ambitieux qui auraient la prétention de le faire servir à leurs desseins et il les renverse quand ils arrivent jusqu'à vouloir lui résister.

Au reste, nous n'avons qu'à considérer

l'origine, les caractères et le développement de cette dévotion pour arriver bien vite à en reconnaître la nature surnaturelle et divine, pour acquérir par là même une nouvelle preuve de son influence providentielle sur la marche des événements et sur la destinée de notre époque.

Je ne crois pas utile de m'arrêter aux détails historiques de l'apparition de Notre-Seigneur à la bienheureuse Marguerite-Marie, au monastère de la Visitation de Paray-le-Monial ; on connaît assez dans quelles circonstances et de quelle manière Jésus-Christ se présenta à l'humble fille de François de Sales pour lui commander de faire rendre un culte particulier à son divin Cœur.

L'importance de ce fait ressort de l'obscurité même qui l'entoure à son origine. Dieu, selon la parole de l'Apôtre, choisit *les faibles selon le monde pour confondre les forts, ce qui n'est pas pour détruire ce qui est* (1).

(1) *I Cor.*, I, 27.

Marguerite-Marie Alacoque était une pauvre fille ignorée ; rien ne pouvait la relever aux yeux du monde, et, même dans le milieu où elle vivait, son autorité n'avait pas un grand poids. Cependant elle ose dire que Jésus-Christ lui est apparu, qu'il lui a parlé, et qu'il lui a ordonné de manifester aux hommes les intentions et les désirs de son Cœur. Elle se proclame messagère de ce Cœur, en faisant connaître jusqu'aux plus petits détails du culte qu'il exige des hommes.

Accablée par les moqueries, avilie par les mépris, humiliée et contrariée par ceux-là mêmes qui, connaissant sa vertu, auraient dû la soutenir, elle ne perd pas courage ; pendant que les sages selon le monde compatissent à la faiblesse de sa raison et aux égarements de son imagination exaltée, elle allume dans le monde le feu sacré qui doit le purifier et le sauver, et elle établit la dévotion au Cœur de Jésus.

Obscure par son origine comme toutes les

œuvres de Dieu, et contrariée dès son début, cette dévotion devait être soumise au creuset de l'épreuve. Elle le fut, et pendant longtemps sa nouveauté, son but, la manière dont elle venait de commencer, la mauvaise impression qu'elle produisit sur plusieurs esprits dont l'opinion était estimée, les railleries des méchants, contribuèrent à élever contre elle toute sorte de difficultés et d'obstacles.

Tout cela, loin de l'arrêter, ne servit qu'à prouver ensuite, par son développement et sa durée, que l'œuvre ne venait pas des hommes, mais de Dieu.

Qu'arriva-t-il en effet? Pendant plus de deux siècles, la petite étincelle allumée dans le cœur de l'humble vierge de Paray-le-Monial, et jetée par elle dans le monde, brûla d'abord en secret, à cause des obstacles et parce que Dieu n'a pas besoin de se hâter. Les cœurs simples et droits la reçurent les premiers; et ensuite doucement, sans bruit, de proche en proche, elle se répandit; elle se dilata sur toute la surface de la terre ; maintenant c'est un incendie si grand que rien ne pourra l'étouffer, et nous le verrons de jour en jour croître et se développer.

Ce qui vient purement des hommes ne dure pas sans être appuyé par de puissants soutiens, et ne résiste pas longtemps à l'épreuve. Si les hommes seuls eussent inventé la dévotion au Sacré-Cœur, elle aurait bien vite disparu. Gardienne vigilante de l'honneur de son Epoux, l'Église n'aurait pas permis qu'on présentât, en son nom, une invention tout humaine, fruit peut-être de l'illusion. Mais c'est tout le contraire qui est arrivé. Dans sa lenteur sage et prudente, l'Église a examiné et attendu; elle a laissé un libre cours à la piété des fidèles malgré les attaques de l'hérésie et de l'impiété; elle a laissé au temps la tâche de montrer si c'était vraiment Dieu qui agissait là. Puis, éclairée par le Saint-Esprit, elle a prononcé son jugement et elle a dissipé tous les doutes par l'autorité de sa sanction. Non contente d'approuver cette dévotion ; elle l'a proposée, elle l'a inculquée et, confirmant son jugement d'une manière encore plus solennelle, elle a élevé à l'honneur des autels la pauvre fille choisie pour annoncer les bienfaits du Cœur de Jésus.

Il est bon de remarquer l'opportunité de ce jugement de l'Église. La guerre de Satan contre Dieu devenant chaque jour plus violente, il fallait aux hommes un moyen pour se défendre. Jésus-Christ l'avait présenté ; l'Église, en l'approuvant, devait montrer que le moment de s'en servir était arrivé.

Jésus-Christ, dans sa prescience infaillible, connaissait la guerre que l'Eglise devait supporter et la violence progressive des assauts qu'elle devait subir, il savait que des germes du jansénisme seraient sorties les plantes vénéneuses qui ont jeté ensuite des racines si profondes ; il voyait déjà le scepticisme, le rationalisme préparer les voies à la révolution, et de celle-ci sortir l'athéisme avec les horreurs de la libre pensée. Il voyait l'ange des ténèbres, comme un serpent trompeur, se glisser lentement au milieu des hommes, afin de les séduire par la douceur de ses paroles hypocrites. Le remède devait être proportionné au mal qu'il était destiné à guérir. Il fallait suivre de près le serpent astucieux dans ses voies tortueuses, il fallait le combattre par ses propres armes. A la fausse douceur, il fallait opposer la véritable douceur ; à l'hypocrisie, la simplicité ; aux ténèbres, la lumière ; à la haine, l'amour ; à la mort, la vie.

Où trouver tous ces moyens de salut, si ce n'est dans le cœur de Jésus ? Jésus lui-même, voyant notre danger, a voulu se faire notre soutien, notre appui, notre vie.

Se croyant assez fort, Satan, s'impose aux hommes, il emploie le concours des rois, et appelle les peuples à des réunions bruyantes dans lesquelles la parole de ses adeptes les anime et les échauffe contre le Christ.

Le Christ agit aussi de son côté. Il appelle ses fidèles, excite les âmes pures à la prière, les anime, les échauffe par le souffle de sa grâce, leur inspire l'esprit de sacrifice, réveille ses ministres et leur commande de prêcher la charité et la paix dans toutes les contrées de la terre; il attire sur son Cœur les peuples afin de les guérir, de les fortifier pour la lutte.

Nous avons vu les miracles de cette divine attraction, et le prodige que l'amour a opéré à Paray-le-Monial. Ceux qui, de parti pris, nient l'intervention du ciel dans les choses de la terre, ont crié au fanatisme et à la superstition. D'autres, mieux avisés dans l'intérêt de leur cause, ont voulu faire croire que les pèlerinages de 1873 ont été des démonstrations politiques : il faut bien des prétextes pour expliquer ce que la passion ne permet pas de comprendre!

Mais où a-t-on jamais rencontré dans les réunions politiques ce qui s'est vu à Paray-le-Monial? Sans parler des rassemblements démagogiques qui finissent souvent par des désordres et par l'intervention de la police, les démonstrations politiques, même les plus modérées, respirent-elles cet air de calme et de recueillement qui a régné dans tous ces nombreux pèlerinages?

Accomplis en grande partie au milieu de toutes sortes de difficultés et d'embarras, ils ont présenté un spectacle que non-seulement les indifférents, mais aussi les plus mal disposés ont été obligés d'admirer.

Comment pourrait-on ne pas admirer cette multitude réunie de points divers, si fervente dans l'élan de sa foi, si confiante dans le résultat de ses prières et de ses larmes?

Comment ne pas s'incliner devant la puissance de cette divine attraction qui formait de tant de désirs un seul désir, de tant de volontés une seule volonté, de tant de cœurs un seul cœur?

Convenons-en ; le mouvement religieux qui a remué la France après ses désastres, et l'a poussée à se jeter dans le Cœur de Jésus, est une preuve que Dieu veut lui pardonner ses infidélités et ses révoltes. Mais il faut que la

France comprenne cet appel et n'endurcisse pas son cœur.

Oui, elle pourra se relever de son abaissement; elle pourra, c'est bien notre espérance, reprendre son rang primitif au milieu des nations, les entraîner même à sa suite dans la voie de la prospérité et de la civilisation, si elle ne résiste pas à la voix du Cœur de Jésus dont les desseins de miséricorde deviennent toujours plus évidents.

N'est-ce pas un motif de consolation pour la France que l'espoir de contempler bientôt, sur les hauteurs profanées de Montmartre, le monument le plus glorieux de notre époque élevé en l'honneur du Sacré-Cœur?

N'est-il pas une assurance pour l'avenir, ce regard compatissant de Jésus qui descendra sur la ville coupable, foyer de tant de crimes?

Témoignage de repentir et symbole d'espérance, il faut que ce trône, où doit rayonner le Cœur de Jésus, soit bientôt élevé. Il faut que le monde admire ce prodige et sache que Jésus-Christ l'a accompli en triomphant de la plus redoutable des révolutions, de l'explosion la plus affreuse de l'esprit de négation. Il faut que nous puissions, en le regardant, prendre courage pour supporter les épreuves qui peut-être nous attendent encore !

Ce sanctuaire ne pourrait-il pas être l'œuvre de toutes les nations, l'expression des sentiments du monde catholique, un acte de foi universel? L'union est la base de toutes les entreprises : il faut qu'elle le soit spécialement de celle-ci, qui embrasse les intérêts de tous les peuples.

C'est en donnant à son organisation la force concentrique la plus puissante que la révolution a poussé si loin ses conquêtes. Il ne faut pas que les catholiques oublient ce que leur nom signifie.

Satan, nous l'avons fait remarquer, singe le Christ ; il aspire à la domination universelle, et pour cela donne à toutes ses entreprises et à toutes ses œuvres un caractère d'universalité qui sert puissamment à leur développement. Ce caractère est aujourd'hui plus évident que jamais; les associations qui ont pour but de renverser le royaume de Jésus-Christ sont des associations internationales, unies par les liens de la solidarité la plus intime.

A la solidarité du mal il faut opposer la solidarité du bien; aux associations internationales de la révolution, les sociétés catholiques; à l'unité de Satan, l'unité du Cœur de Jésus. Il faudrait que le sanctuaire de Montmartre devînt, pour les fidèles de tous les pays, un point de centre moral où se rencontreraient tous les cœurs dans une sainte et puissante union de supplications et de prières. Maintenant le cri unanime de la foi, les gémissements de l'espérance, les soupirs et les larmes de l'amour; plus tard, le cantique du triomphe!!!

Mais comment oser parler de triomphe, sous le coup des souffrances présentes et des angoisses de l'avenir? Comment se flatter d'être secourus par Jésus-Christ, alors qu'il paraît nous avoir oubliés? Nos maux n'ont fait qu'augmenter malgré nos supplications et nos larmes, malgré toutes les démonstrations et tous les pèlerinages.......

Hommes de peu de foi, pourquoi craignez-vous (1)? répond Jésus-Christ. N'avons-nous pas médité l'Evangile? Ne savons-nous pas que ce divin Sauveur apaise les tempêtes sitôt qu'on sait le tirer de son sommeil apparent? Ne nous souvenons-nous pas qu'il est dit de Lui : *Je dors, mais mon cœur veille* (2)?

Oui, le Cœur de Jésus veille sur nous, et sa vigilance est d'autant plus grande que nous ne pouvons trouver de salut qu'en Lui. Ne craignons donc pas, ne soyons pas découragés : au contraire, ouvrons nos cœurs à l'espérance. L'Evangile nous l'apprend, c'est par des refus apparents que Jésus-Christ fait précéder ses plus grands miracles. — Aux noces de Cana, comment

(1) Matth., VIII, 26. — (2) *Cant.*, V, 2.

répond-il à la sollicitude empressée de sa divine Mère? par des paroles qui nous paraissent dures et pleines de refus. — Il repousse d'abord la prière suppliante et les larmes de la Cananéenne désolée, il l'humilie et semble insensible à sa douleur. — A l'annonce de la maladie de Lazare, l'ami de son Cœur, il se montre comme indifférent et il ne s'empresse pas de courir à son secours.

Cette conduite est une leçon : sachons en profiter. Jésus-Christ veut éprouver notre foi, il veut que nous méritions ses grâces par notre confiance dans ses promesses. Si nos demandes sont raisonnables, il nous accorde ce que nous demandons, comme il accorda à la confiance de Marie son premier miracle, à la foi ardente et courageuse de la Chananéenne la guérison de sa fille, et la résurrection de Lazare aux prières de Marthe éplorée. Si Jésus-Christ tarde à répondre à notre cri de détresse, c'est pour nous faire mieux apprécier les trésors de sa tendresse, nous faire comprendre que notre résurrection, comme celle de Lazare, doit être le triomphe de l'amour et de la miséricorde de son sacré Cœur.

Un commandement suffit à sa toute-puissance, et la nature obéit; mais au tombeau de Lazare, sa toute-puissance ne se manifeste pas immédiatement. Jésus pleure, il s'adresse à son Père, le prie avec larmes, et, seulement alors, pousse du fond de son Cœur le cri de la victoire, commande à Lazare de sortir du tombeau.

En accomplissant ainsi ce miracle à l'approche de son triomphe sur le Calvaire, Jésus-Christ ne pensait-il pas à un autre miracle que son Cœur aurait à opérer dans la suite des siècles, pour tirer le monde de la corruption et de la pourriture de l'incrédulité?

Dans les larmes de Jésus-Christ les Juifs ne virent que la preuve de son amour pour Lazare; ne pourrions-nous pas y voir la preuve de l'amour dont il nous couvre nous-mêmes?

Sans nous jeter dans le champ des interprétations et des hypothèses, il nous est facile de nous convaincre que le renouvellement de la société humaine doit être une véritable résurrection, et cette résurrection ne peut être opérée que par Jésus-Christ, elle sera l'œuvre de son Cœur.

Si Jésus-Christ a voulu que son Cœur fût honoré et invoqué dans notre époque d'une manière toute spéciale ; s'il est descendu jusqu'à prescrire et détailler le culte qu'il voulait répandre dans le monde entier ; s'il a fait naître dans le cœur des fidèles les sentiments dont ils doivent être animés pour comprendre et embrasser cette dévotion, c'est qu'il savait combien la vie du monde avait besoin d'être ranimée par le feu de la charité, combien nous étions incapables, sans un secours tout spécial, de résister à la puissance de Satan. Jésus-Christ a voulu présenter lui-même à son Eglise le secours pour résister à ses ennemis, et il est intervenu ouvertement dans une guerre qui lui a été ouvertement déclarée et de laquelle dépend la ruine ou la résurrection de la société humaine; il nous a donné son Cœur, étendard de salut et signe de son triomphe sur l'enfer. Malheur à ceux qui voudraient s'y opposer, et, par une résistance insensée, ne craindraient pas de provoquer sa colère. Ne savent-ils pas qu'il est le Dieu fort, l'arbitre de la victoire? Ne savent-ils pas qu'il a le pouvoir de *briser la tête de ses ennemis et d'écraser le front superbe de ceux qui marchent dans l'iniquité* (1)?

Son bras ne s'est pas raccourci, il saura atteindre ceux qui se croient invincibles dans la multitude de leurs armées; la main qui a ouvert les flots de la mer Rouge est encore assez puissante pour ouvrir de nouveaux abîmes, si de nouveaux Pharaons s'obstinent à persécuter l'Eglise; le doigt qui traça la sentence de mort du profanateur assis à un banquet sacrilége, est toujours levé pour condamner les nouveaux Balthazars qui vou-

(1) *Ps.* LXVII, 22.

draient profaner les choses saintes; la pierre détachée de la montagne est toujours prête à frapper le colosse monstrueux aux pieds d'argile, si de nouveaux Nabuchodonosors, aveuglés par les victoires et par les succès, osaient encore, dans leur orgueil, se prévaloir contre Dieu.

Mais Jésus-Christ veut pardonner, il veut que nous nous convertissions, que nous coopérions avec lui au triomphe de son Eglise, et, par ce triomphe, à la régénération de la société humaine. C'est pour cela qu'il nous appelle sur son Cœur : c'est pour cela qu'il nous l'a donné pour modèle.

Si Jésus-Christ voulait nous abandonner, il nous aurait frappés des foudres de sa colère, il se serait retiré de nous : au contraire, les châtiments qu'il nous a envoyés depuis quelque temps n'ont été que des avertissements paternels, et s'il a permis les horreurs des guerres fratricides, c'est pour nous faire voir où conduit l'influence du mal, Satan un moment triomphant.

L'Eglise est le point autour duquel tournent toutes les questions sociales, et la destinée future de l'Europe dépend de celle de l'Eglise. Si l'Eglise triomphe dans la guerre qu'on lui fait, l'Europe conservera la suprématie civilisatrice que lui a donnée le christianisme ; si l'Eglise est livrée par nous à ses persécuteurs, cette suprématie nous échappera, et Jésus-Christ se servira d'autres peuples pour accomplir ses desseins.

Des hommes habiles, se croyant appelés à sauver le trône en le séparant de l'autel, ont inventé une formule que l'Europe paraît vouloir adopter comme un remède suprême à tous ses maux. Hélas ! cette formule : *l'Église libre dans l'État libre*, n'est de fait qu'un contre-sens et un mensonge ; c'est le plus souvent l'asservissement de l'Église par l'État émancipé des lois religieuses.

Née du Cœur de Jésus-Christ, mort pour donner la liberté au monde, l'Église a horreur de l'esclavage ; pour vivre, elle a besoin de la liberté vraie et entière, et non d'un simulacre de liberté soumise au bon plaisir de l'État; elle meurt là où les puissants l'enchaînent. C'est là, sans doute, le but, quoique inavoué, de tous les efforts du mal; le Cœur de Jésus est là, et il ne permettra pas ce grand crime. Il saura triompher de tous ses ennemis, il dissipera leurs forces; s'ils lui résistent, il les renversera, comme il renverse le cèdre orgueilleux (1); s'ils écoutent sa voix, il leur donnera des sentiments nouveaux et un nouveau cœur capable d'aimer la vérité et d'opérer de grandes œuvres.

Nous croyons que l'heure du combat approche : l'influence du mal est trop grande pour que l'influence du bien, c'est-à-dire l'influence triomphante de Jésus-Christ, puisse plus longtemps retarder à se manifester.

Satan doit être vaincu, il le sera; mais pour que la société puisse jouir des bienfaits

(1) *Ps*. XXVIII, 5.

de cette victoire, il faut qu'elle retourne à Jésus-Christ, vérité et vie, lumière et salut de l'humanité.

TABLE.

PARIS. — IMP. JULES LE CLERE ET Cie, RUE CASSETTE, 29.

A LA MÊME LIBRAIRIE

ÉTUDES SUR LA QUESTION RELIGIEUSE DE RUSSIE

Par le P. C. TONDINI, Barnabite.

La Primauté de saint Pierre prouvée par les titres que lui donne l'Eglise russe dans sa liturgie. 1 vol. in-8. 2 fr. 50

L'Avenir de l'Eglise russe. 1 vol. in-8. 1 fr. 50

Règlement ecclésiastique de Pierre le Grand, traduit en français sur le russe avec INTRODUCTION et NOTES. 1 vol. in-8. 10 fr.

The Pope of Rome, and the Popes of the Oriental Orthodox Church. 1 vol. in-12. 7 fr.

(*Le même ouvrage va paraître prochainement en français.*)

Ma Conversion et ma Vocation, par le P. SCHOUVALOFF, Barnabite. 2e édition. 1 vol. in-12. 3 fr. 50

Méditations ecclésiastiques pour tous les jours de l'année, par le P. STUB, Barnabite. 4 vol. in-12. 14 fr.

Le Prêtre auprès des malades, par le même. 1 vol. in-12. 3 fr.

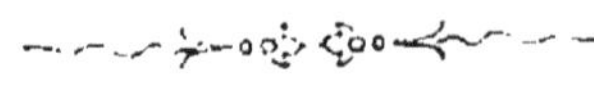

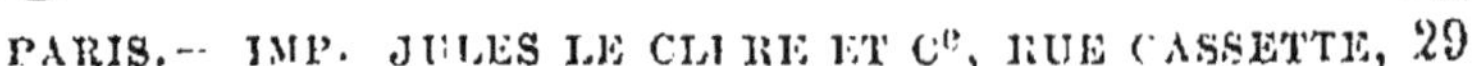

PARIS. — IMP. JULES LE CLERE ET Cie, RUE CASSETTE, 29.

www.ingramcontent.com/pod-product-compliance
Ingram Content Group UK Ltd.
Pitfield, Milton Keynes, MK11 3LW, UK
UKHW012036240726
13965UKWH00003B/821